謹以此書獻給敬愛的星雲大師

永光

《悉達多音樂劇》改編自星雲大師所著的《釋迦牟尼佛傳》，十年一百場演出，星雲大師的《人間音緣》造就今日的成果與感動。

佛陀傳是一齣戲，三十年佛法深耕菲律賓是一齣戲。而同一時刻、不同的地方，我們也投身其中表演著屬於自己的戲。

宇宙是一個變幻無定的大舞台，我們都在這裡穿梭演出，粉墨登台同時也在觀賞著，我們既是演員、也是觀眾。如同互通互融、重重無盡的華嚴法界，彼此互不相識卻又息息相關。在無盡的輪迴中有緣相逢在天涯，在戲夢一般的人間演繹自己的虛實人生。

序

翻轉生命的那雙手

永光

二〇一六年對我來說，是殊勝的一年——是佛光山五十週年，星雲大師九十華誕，佛光山在菲律賓弘法二十八週年，《悉達多音樂劇》十週年、演出滿一百場。

感謝香海文化的協助，將我們在菲律賓的弘法史，在這一年做一個彙整，為佛光山海外弘法留下歷史，為人間佛教使者更添一筆。

是誰　翻轉我的生命　　是誰　給我翅膀飛翔
是誰　帶我遨遊世界　　是誰　讓我生命多彩
是您——星雲大師

當光明大學的學生唱著這首歌曲時，內心是多麼澎湃，是的！是星雲大師用教育翻轉了這群孩子的生命，圓了貧困孩子就讀大學的美夢，並打開了他們的視野，拓展了他們的心胸。

二〇一七年八月八日，欣逢萬年寺二十三週年慶，舉辦了馬尼拉弘法二十五週年回顧展，在分享會中，信眾們表述：萬萬沒想到當年從零開始的宿霧、描戈律、怡朗，以及首都馬尼拉，二十五年後的今天，佛光山在天主教國家的菲律賓，擁有十二樓層、莊嚴雄偉的馬尼拉萬年寺外，還有正式立案的光明大學、宿霧藝術學院、描戈律佛學院，更培養了走向全世界的「悉達多音樂劇團」。

菲律賓所有僧信二眾，秉持大師教誨「為大事也，吾往矣」的弘法精神，在菲律賓創造了許多奇蹟：佛教在菲律賓歷史上，設立第一所大學「光明大學」，這也是佛光山在全球的第五所大學菲律賓光明大學、宿霧藝術學院（演出《悉達多音樂劇》）是第一個在美國百老匯劇院演出的佛教團體。

感謝二十五年前慈容法師將我帶到宿霧慈恩寺，開啟我在菲律賓弘法、建寺的先端。此外，馬尼拉萬年寺的前身「蘇聯大使館」如果沒有長老慈莊法師特地前來籌謀，就沒有今日的萬年寺；如果沒有覺培法師的助成，《悉達多音樂劇》就無法跨台演出，乃至後來心保和尚，以及美國西來寺住持慧東法師，成就劇團至美國演出，而後踏上國際。一切的一切，都是佛光人「集體創作」的無私奉獻，回首只有合掌感謝四重恩。

悉達多音樂劇

《悉達多音樂劇》從二〇〇七年在宿霧首演，十年來演出一〇八場，遍及美國、台灣、菲律賓、新加坡、馬來西亞、香港、澳門、紐西蘭、日本、澳洲等十個國家，將近四十萬人觀賞，有人哼唱主題曲〈We Are One〉走出劇場、有人看完首句話：「原來佛陀是個人！」一個澳洲女士更興奮地直喊：「I Love Buddha」……

宿霧一位神父很好奇地詢問：「一個佛教團體，在天主教的國家是怎麼做到的？」

《悉達多音樂劇》幾乎是菲律賓藝術界的奇蹟，在當地藝術界被傳述著……

跨越時空與佛相見

因為星雲大師撰寫的《釋迦摩尼佛傳》，讓許多青年學子因而認識佛教，也讓我們思考到大師給菲律賓弘法的方向——「用教育培養人才，以音樂藝術弘揚佛法」，因而有了「演戲」的發想，透過一群熱愛音樂、舞蹈、戲劇的宿霧青年，將師父的著作以音樂劇的方式，讓菲律賓人認識佛教的教主釋迦牟尼佛、認識佛光山星雲大師，乃至佛陀的教理，於是有了《悉達多太子音樂劇》。感謝長老慈惠法師當年策劃的「人間音緣」——星雲大師歌詞徵曲比賽，讓最初的《悉達多音樂劇》有了歌劇最重要的元素——歌曲，也奠定了今日《悉達多音樂劇》在世界各地演出時，觀眾合掌默拜，甚至頻頻拭淚，宛如佛陀在世那般地感人。

人間佛教使者旁的小螺絲釘

常有人問我：「你在菲律賓弘法一定很辛苦吧！」

思惟著：如果跟二十三歲，兩袖清風由大陸到台灣，種種艱辛之後，創建佛光山這片佛國淨土，那種大雄大力的星雲大師類比，所謂辛苦怎麼是我們所能擬比的？

我常自喻是人間佛教的小螺絲釘，是大師那雙手翻轉了我的生命，最想說的是——師父，有您真好！

感謝佛光山弟子們，在菲律賓長期的無私奉獻，一棒接一棒，棒棒相傳。

最後，我想呼籲——

讓我們緊緊追隨星雲大師人間佛教的腳步！

請大家多多支持教育！
請大家多多支持藝術！
讓我們在弘法的路上有你相伴。

一切的時節因緣，倘若有一點點的功德，願：
光榮歸於佛陀
成就歸於大眾
利益歸於常住
功德歸於信徒

序

戲夢人間

心裡扛著一本書，那是十分沉重的。

陳菽蓁

二〇一七年四月二十五日下午

我和香海文化主編瀅如通電話，我們在校對文稿。除去書寫當中，文稿隨時往返傳送、討論之外，這是完成文稿後的第八次校稿。她在香海辦公室，我在家中，我們展開第八次的細部討論——或爭執。

像往常一樣，時間又不夠用了，傍晚近七點總算走到最後一章了！

「妳快下班吧！我再想想……」我對瀅如說，因為還有幾個字句還沒達到我們兩人的嚴格標準。

掛斷電話，倦極的我躺地上不想移動，讓字句和情節在心裡轉著……

當晚九點四十，我又去煩瀅如。執拗的我又傳去修改的部分，但她對其中某字句還是不滿意，於是兩人又是一番腦力激盪。

不死心的我們還在線上奮鬥，天可憐見，終於達成「協議」，雙方總算合作寫出滿意的句子了。

二〇一七年四月二十五日晚上十點零二分

全部文稿校完。距離我們開始籌畫《MABUHAY 菲躍 100》這本書的第五個月。

二〇一七年五月十六日晚上十點五十七分

我再一次看過全部文稿，這一晚，在複雜但踏實的心情中很快睡去——如果當時知道，接下來的兩個月書稿還要經過幾次全面的更動，我斷不會睡得如此安穩……

時間從二〇一六年十月十七日《悉達多音樂劇》在台中惠中寺演出，我到現場觀摩並開始構思寫這本書開始算起，本書醞釀時間已過九個月。九個月的長考、思量和構築文字情節終至成書，過程不敢言苦。三十年來在菲律賓，有多少的人間行者，他們的付出與他們辛勞，其中所遭所遇、千難與萬難，又豈是個人拙筆所能略述於萬分之一？誠然將採訪之所見所聞以一腔真情盡付文字而已。

心裡扛著一本書同時也是幸福的

從動筆到書付梓十個月，這段時間因為專注投入幾乎無法兼顧其他，是佛菩薩化作許多人，在每一個地方、每一個關口扶我、助我、鼓勵我、安慰我、給我提策，也不厭其煩、不計其他的和我一起努力。這本書寫完了——是大家和我合力完成的。

承受的恩德無法一一言謝，除了深深放在心中，唯有無盡祝福……

二〇一六年十二月十二日下午《悉達多音樂劇》第一百場演出前，菲律賓宿霧 SM-citycebu 表演廳後台

飾演淨飯王的舍奇（Cerj Micheal）馬上就要上台了，他穿著劇中國王服裝接受採訪，同樣的誠摯眼神、同樣的激動淚水，採訪的人和受訪的他都沉浸在感恩又感慨的氛圍，坐在他右側的我非常明顯感受到他的疲累和緊張，

當即放下心裡更多的問題，決定提早結束訪問——他真的很累了：「恭喜您！百場圓滿！」「還有一場！」他笑了，泛紅的眼眶還沒消褪、淚水是蓄滿的，「這是一個滄桑的、滿腹心事的國王」，送走他的背影，我忽然有幾分沉重。那份沉重來自於對自己的警策：「但望不負所託！」

二〇一六年十月十九日晚上，台灣基隆文化中心後台

那位穿著戲服的年輕男孩在後台來回走動，他身體止不住地顫抖、拚命擦拭他無法控制的淚水，後台不斷有人擁抱、安慰他，我抑制住自己上前擁抱他的衝動，看著他上台，看他賣力而出色的演出，看他順利下台。昏暗中那哭泣的影子始終在我心裡徘徊——他為了什麼而哭泣？

二〇一六年十二月十三日晚上，菲律賓宿霧南洋大飯店 Water Front Hotel

我終於在「百場圓滿慶功宴」宴會廳外頭找到「哭泣的車匿」，答案也在書裡向讀者交代了。正是因為這樣的故事，不斷交織出這本醇厚的、耐人尋味的書中情節：一群天主教徒的年輕孩子，十年來如何突破困難演出佛教音樂劇《釋迦牟尼佛傳》？三十年來，星雲大師如何在這個天災人禍、貧富差距懸殊的菲律賓，一點一滴地灑下佛法的甘露？佛光山在全世界的五所大學、菲律賓第一座佛教大學「光明大學」，如何讓外島偏鄉的孩子重新改變了生命？

「車匿的哭泣」是眾多菲律賓孩子之中的一個，在許多別人看不見的地方，這些孩子就像這樣的以汗水和淚水一點一滴地構築著未來和夢想。

把這樣的事蹟記錄下來，為的是想讓更多人知道：他們是如何創造自己的人生？

訪談超過五十位當事人，出現在書裡的主要人物超過百位，從二千六百年到現今，從佛出生、成道的印度到台灣，又從台灣到菲律賓，從宿霧到描戈律、怡朗、薄荷等外島到馬尼拉……從一九六三年星雲大師初抵菲律賓到二〇一七年長達五十年的播種，從無到有、從第一場到第一百場的佛陀傳、從第一年到第三十年的佛法弘傳、從陌生到熟識、從觀察到投入、從微笑到熱淚盈眶、從激動焦慮到融合歡喜、從發現夢想到蔚然成林。時空交錯，古今同台，台前和幕後，真人與角色的結合，凡夫與菩薩的行跡，我都將它們一一寫進一齣戲裡，整個世界都是舞台，而我們，都身在其中——

佛陀傳是一齣戲，三十年佛法深耕菲律賓是一齣戲。而同一時刻、不同的地方，我們也投身其中表演著屬於自己的戲。宇宙是一個變幻無定的大舞台，我們都在這裡粉墨登台穿梭演出、同時也在觀賞著，我們既是演員、也是觀眾。如同互通互融、重重無盡的華嚴法界，彼此互不相識卻又息息相關，在無盡的輪迴中有緣相逢在天涯，在戲夢一般的人間演繹自己的虛實人生。

但—我又希望我們不要太入戲，留一點清明給自己，好觀向那無窮無邊的法界，並在虛妄的現實中，看見真實的虛妄—若果再能「同台演出」就是無法言喻的深厚情分了。

深情厚意啊——欲說已忘言

感恩香海執行長妙蘊法師慈悲成就，是他給我這大好因緣；感謝香海同仁們的親切關愛；主編瀅如陪著這本書一路衝鋒，最感謝她一夫當關的細心與堅持，也難忘記那堅韌不屈的身影，一直到最後她仍然是那個盡責的守門人；美編紫婕是我的資料庫和加油站，像個出手奇快的俠女，永遠都能給予我快捷又詳盡的資料；好友宋述田、張早夫婦，這兩位佛光會督導，義不容辭陪我赴菲採訪，並義務擔任翻譯，深情厚意自當銘謝於心！攝影何曰昌老師在採訪與寫作期間諸多協助，本書的攝影大部分是他的專業之作，是書中另一精采與可觀之處。

菲律賓總住持永光法師在採訪期間的大手牽引、小處關照，還有對採訪團隊的全力支持，是這本書能順利完成的關鍵。萬年寺住持妙淨法師、覺林法師、有霖法師的鼎力協助，我們才能獲得豐富完整的採訪內容，尤其是覺林法師親自陪伴我們在宿霧、描戈律、怡朗和薄荷島之間風塵僕僕，讓我們見識到了法師們開疆闢土的艱辛和宏願；當然，在永寧法師、妙心法師、妙潤法師和知頤法師身上，我們更體會到慈悲與智慧的真正意義。而所有在菲律賓道場採訪過的義工信徒是菩薩的另一面貌，他們的護法情操與堅定信仰，時常讓我心虛且慚愧。

前往澎湖採訪永昭法師獲益甚多，傳說中「少林法師」的超能力果然名不虛傳，感謝法師提供珍貴的原始資料，為這本書更添厚實。燦爛的海上花火和溫暖的照護情誼更是澎湖採訪行的難忘記憶！

覺培法師是促成佛陀傳回台演出的重要推手，有幸在佛陀紀念館巧遇又幸而能獲允當即採訪，是另一個感謝與驚喜。

在馬尼拉貧民窟、在宿霧街頭、在描戈律、怡朗或是在薄荷等外島，菲律賓人溫和的微笑是我最深刻的記憶，離開描戈律臨上飛機前在空橋上瞥見的彩虹，也提醒我別忘了給菲律賓人真誠的祝福：這個多災多難卻開朗樂觀的國家，以滲透生命底層的宗教情操等同的接受了佛的教法，並從中展開更開闊的人生。

如果這本書有些微感動了您，請和我一起感恩我的師父星雲大師，因為書中的每一字句，都得自大師對我的啟發！書裡，大師說：「我們一起來愛他們！」這句話，時常喚起我對這世間的熱情！

我期待，並確信——在這個無限廣闊的世界，致力於一處和平與安樂的淨土，是我們永遠不變的胸懷。

目次

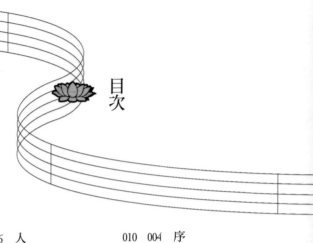

悉達多！悉達多！

出城

轉身

超越

歸城

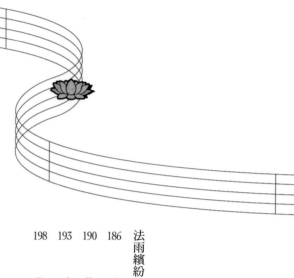

法雨繽紛

蓮花鋪地

淨土

平等

Act 1

人間・成佛

「對很多人來說，他是個謎；古老的聖者，永恆的化身。」

霎時，魔王毒箭自然墜落，猛蛇毒氣化作清涼和風，雪雹雷電變成五色祥雲，虛空中有聲傳來，震動三千大千世界。

Act 1
Scene 1

大地為我見證

——時空無垠 萬劫一念——

夜空中星光輝耀，悉達多心中豁然明朗，回頭看一眼今生的故鄉——我們身處的不安的、紛擾的人間——菩提樹下，悉達多太子結跏趺坐，一心只想出離三界、證得解脫實相。

魔宮驚駭震動了！魔王於是率魔女魔軍前來，企圖使用幻境阻撓太子修行，魔王在太子面前變幻雪雹雷電與毒蛇猛獸，天地間風雲變色、鬼哭神號！金剛座上的太子寂然不動，心平如水。

霎時，魔王毒箭自然墜落，猛蛇毒氣化作清涼和風，雪雹雷電變成五色祥雲，虛空中有聲傳來，震動三千大千世界：**大地為我見證！**

悉達多端身金剛座上，他忘記了時間、忘記了地方、忘記了一切，對一切都沒有分別，對一切都很明白——這是正覺，這是解脫。

金色光芒穿越黑暗廓徹虛空，菩提樹展開雙手溫柔呵護，山河大地歡欣歌唱，世界一片安寧祥和，菩提樹下的悉達多太子張開雙目——

Act 1
Scene 2

美好的一刻

成道的釋迦牟尼佛對世間升起無比的悲憫：一切萬象都是緣起，流轉的十二因緣是苦的主體，而愁憂悲苦的人們啊！終日在輪迴生滅中沉淪。

佛從百寶光中睜開雙眼，面對大地、熙怡微笑。祂要向所有人宣揚離苦得樂、解脫苦痛的正法。

潮水般的掌聲從四周漫起，所有的人都沉浸在喜悅的光明中。場內擠滿了前來參與盛會的人，他們為這期待已久的場面，一起歡呼、共同見證。

佛陀步下蓮花座，手持接引印，面向大眾。有人激動掩面、有人歡喜落淚。

前台與後台都流下感恩的淚，在燈光傾瀉的盡頭，守在後台的演員們難抑心中感動……各種心情交集在前台與後台間，這是多麼美好的一刻。

二〇一六年十二月十二日SM-citycebu表演廳，這是佛陀傳《悉達多音樂劇》（SIDDHARTHA The Musical）第一百場演出。

下午六點SM-citycebu表演廳外已大排長龍，許多人都提前到來，長長的隊伍裡大都是結伴攜手、滿臉喜悅與期待的人，因為知道這是一場特別的、別具意義的演出。神父、修女、學生還有各個階層、來自四面八方的觀眾將七百個座位都坐滿了。他們都是為了《悉達多音樂劇》來赴今晚的盛會！

演員們最敬愛的大家長——菲律賓總住持永光法師就坐在第一排中間位置，每一場演出他總是坐在同樣的位置，雙眼發亮帶著一貫慈和的笑容，神情專注緊盯著台上。他想起昨天第九十八場演出後飾演佛陀的駿睿（Junrey Alayacyac）說的話：「師父，我看見您又哭了！」「你表演不表演，看我哭做什麼？」永光法師哭笑不得念了他。

永光法師常問演員們：「我在不在場有那麼重要嗎？」

「有您在當然不一樣啊，師父！」聽到孩子們固執地回答，他笑了，也流淚了。十年一百場演出，不敢相信這群好孩子們真的做到了。

「孩子們！你們真的做到了！」永光法師望著台上這群「永遠感動他的孩子」心中充滿感恩。跟著他默默執行劇團事務的覺林法師，心想：「任務總算完成了！」但此刻沒有太多時間照管心情，因為他們永遠有許多要關切的事情。

Act 1

Scene 3

敲響那一口鐘

二〇〇六年，慈恩寺監寺覺林法師請問總住持永光法師：「用什麼方式弘法？」

永光法師說：「我們來演戲吧！」

星雲大師所著的《釋迦牟尼佛傳》——

十年前，那第一場戲，是人間「音緣」的「因緣」，是星雲大師的歌詞字句，造就今日的成果與感動。

二十歲出頭的本傑銘（Benjie Layos，飾佛陀）懷著舞台夢來到慈恩寺應徵音樂劇演員，面試後，本傑銘（Benjie）以為自己再也沒有機會踏進慈恩寺山門，沒想到排在他前面第一順位演員放棄了，於是他順利踏入慈恩寺、展開十年劇團生涯。

一開始他是懷疑的，不知道這「小小的、迷你的」佛教劇團能否持續下去？也不知道劇情到底訴說些什麼？當然他也不知道自己居然能夠飾演釋迦牟尼佛，更不知道他會一演就是十年……

音樂劇的編劇朱聚（Jude Thaddeus Gitamondoc）是天主教徒，最初並不認識佛陀，只是每年都參加「人間音緣」的曲目創作，因為得獎而有了更多創作因緣。最初劇本是寫成濃厚宗教味道的歌劇，反覆閱讀星雲大師所著的《釋迦牟尼佛傳》後，重新沉澱思路，醞釀兩年、歷時一年才寫成完整的劇本和歌曲。全劇運用簡單的旋律，以仿百老匯的表演方式呈現。朱聚（Jude）受命寫歌的用意只是想藉佛曲讓更多人了解佛教；沒想到十年過去，當初筆路藍縷、從艱難中起步的音樂劇，如今已然形成深遠的傳播力量，呈現不凡的恢弘氣勢！

二〇〇七年七月六日在宿霧 Waterfront Hotel 劇場，第一場佛教音樂劇《悉達多》英語版正式演出，預定前來關懷的慈容法師因故未能出席，因此指派了永光法師到場鼓勵。經過八個月的排練、克服了所有的困難，《悉達多音樂劇》在宿霧首度和世人見面，當晚吸引了六千人前來觀賞。在百分之八十五是天主教徒的菲律賓演出佛教音樂劇，且演員全都是天主教徒，這對宿霧當地與演員來說，都是一件前所未有的大事。從後台到前台，參與其中的所有人在無比艱難之下跨越了一道鴻溝。

釋迦牟尼佛的腳印正一步一步刻印在菲律賓的土地上……

覺林法師鬆了一口氣，心中百感交集：舞台上每一首歌、每一位演員、每一個小小的道具、布景以及燈光、音響，都是點滴學習、集腋成裘來的，這一個夢想的舞台終於在眼前呈現，夢想的背後託付了許多人的心願與祝福；

舞台上每一個微笑、每一滴汗珠，都藏著一句「感謝」，感謝過去的所有促成與襄助、感謝前來觀賞的每一位知音、感謝今日台上與台下的共聚一堂，更感謝台前幕後齊心協力、共同圓滿了彼此，圓滿了一個拮据卻豐富的夢——夢中，傾注了所有人的心血與努力！

Act 1

Scene 4

一念人間音緣

二〇〇三年，為紀念星雲大師創作佛教音樂五十週年，由慈惠法師所帶領的佛光山文教基金會舉辦「人間音緣——星雲大師佛教歌詞徵曲活動」，菲律賓佛光山法師與所有護法信徒，深受星雲大師「以教育翻轉生命，以音樂藝術弘揚佛法」的理想所感動，發心響應《人間音緣》的推廣。當時菲律賓總住持永昭法師於是策劃在菲律賓舉辦「人間音緣」比賽，在全菲律賓廣徵對音樂有天分、有興趣的人參加，經初選、複賽後的優異者即推選參加由佛光山宗委會及佛光山文教基金會主辦的「人間音緣——星雲大師佛教歌曲音樂發表會」。於是，菲律賓佛光人熱切推動「人間音緣」比賽，吸引更多愛好歌唱的菲律賓年輕人紛紛參與其中。

菲律賓孩子的音樂天分使得他們在比賽中屢創佳績，優美的音聲也如是傳頌了三年。

思量著如何使佛教音樂更大眾化、普及化，並將這股善美的風潮不斷延續？最後所有人有了一致的想法——我們來演戲！

我們來演戲——從「人間音緣」的因緣，到釋迦牟尼佛傳的故事《悉達多音樂劇》，當時的菲律賓總住持永昭法師和覺林法師、有霖法師帶領著宿霧佛光分會督導會長陳祖仁和同修林玉珊等信徒，共同籌劃佛陀傳《悉達多音樂劇》表演。起初的構想是由分會會員演唱得獎歌曲，但因種種因緣不具足，遂向外徵求有興趣的演員參與演出。

沒想到一開始即有天主教唱詩班參與，大家白天工作、晚上排練，雖無支薪，熱忱與毅力卻十年如一日！劇本、導演、演員、道具、燈光、布景、音響，像蹣跚學步的孩子，從一無所知、瞎子摸象般地逐步學習，終於踏出音樂劇的第一步。

努力的過程，很多難以忘懷的回憶也逐步在堆疊，它是生命中最獨特的樂章，也是最美好的「人間音緣」。

為了圓滿這個共同的夢想，菲律賓各地包括法師和信徒在內的佛光人，無不在財力和精神上傾全力支持，尤其是宿霧當地的陳祖仁夫婦因為敬仰大師三好四給的理念，對於劇團的護持更是用心，排練完時會一一開車送孩子們回家，有時回到家已是深夜，但他們永遠歡喜、永遠投入。於是，在法師和信徒們堅持不懈之下，「悉達多家族」正在慢慢轉變、歡喜成長！

草創之初，因陋就簡，但演員們無不萬分珍惜。大殿——冰冷堅硬的地板是劇團排練場與能量的泉源，殿堂外——青翠草地上的清風白雲是他們最初的觀眾。而抬頭望眼的觀世音菩薩，則慈視著每一個懷抱夢想的人們給予無限的祝福，那也是菩薩最初的悲願——

Act 1

Scene 5

佛在人間的腳步

布幕還沒有拉起來，一束光從頂上射下，葛布瑞（Gabriel rellin Gomez，飾阿難陀）獨自坐在垂放的布幔前開始講故事：

對很多人來說　他是個謎
古老的聖者　永恆的化身
但我要告訴你　他和我們一樣是個凡人
噢　我應知道
他曾是我的朋友
他曾經呼喚我的名字

佛陀：
阿難陀……
阿難陀：
多聞第一的佛弟子……

葛布瑞（Gabriel）清亮的嗓音迴盪整個戲院，台上的他眼神深情動人，燈光下專注的歌聲也特別溫柔：

阿難陀：
我們的故事就此開始
兩千六百年前
在喜瑪拉雅……山下

葛布瑞（Gabriel）出生天主教家庭、讀的是天主教學校，以前並不了解佛教，參與《悉達多音樂劇》後才認識佛陀。因而知道佛陀是宇宙的覺者，所以認定心中嚮往的「世界的愛」包括佛教在內；也明白在佛教的劇團演出，不管上帝在哪裡，但「愛是相同的」！舞台上，他歡喜，因為能夠演出阿難陀這個角色。

永光法師：「Gabriel 是個秉性善良的孩子！」

「多希望我也能像阿難陀那樣多聞且全知啊！」葛布瑞（Gabriel）心裡這樣想著，用他充滿了愛的歌聲輕輕唱起：

兩千六百年前
在釋迦族的國中有個戰士族
他們的國王叫淨飯王
住在迦毗羅衛國的首都……

他的統治是和平的
一切都很完美
除了一件事
國王漸漸變老
但仍沒有……兒子

Act 1

Scene 6

漫長的等待

西元一九八八年菲律賓天主教徒呂希宗、呂林珠珠夫婦，謹遵慈母遺命，用千餘坪土地發心建寺並命名為「慈恩寺」。

一座位在天主教國家宿霧市，為了紀念母親而建的佛寺於是落成了，這座意義不尋常的房舍就佇立在宿霧街邊，素樸、有古風的山門像個慈和的長者，靜靜等待過江之鯽回首、轉身，替自己尋回遺落已久的心靈所在。

安甯的慈恩寺有久違了的老寺院懷舊氛圍，如同它等待著有緣人上門，慈恩寺也在等待著傳揚佛法的掌燈人到來——菲律賓需要佛法，而慈恩寺需要住持的法師！寺院負責人呂林珠珠透過友人引薦，四度拜訪佛光山星雲大師，希望禮請法師到宿霧慈恩寺住錫弘法！

慈恩寺和大師心裡都明白，這一天已經歷了漫長的等待。

一九六三年，星雲大師曾到菲律賓，當時總統馬嘉柏皋（Diosdado Macapagal）曾對大師表示：菲律賓是天主教國家，歡迎佛教來菲律賓傳播佛法，以使多種宗教互相激勵、共同發展。這一年（一九八九年）呂林珠珠為求法而來了！

星雲大師深受呂氏家族孝心感動，派任慈容法師為慈恩寺第一任住持、永光法師監寺。

機緣終究是成熟了——宿霧慈恩寺有了法師、菲律賓終於照見佛法的第一道光明——這一等呀，就是二十六年！

慈恩寺敲響了人間佛教在菲律賓的鐘聲，也開啟了《悉達多音樂劇》在宿霧演出的帷幕——

籌備之初對歌劇一無所知，從找編劇、研究劇本、燈光，甄選演員到製作道具都靠自己摸索，甚至為了節省經費，所有的道具都是用保麗龍製作，但只要能圓滿這個共同的夢想，大家都願意一起當個追夢的人。

因為深受感動，陳祖仁會長和菲律賓四島華人信徒，從籌備開始到製作道具甚至經費等無不紛紛熱情支持，共同為《悉達多音樂劇》貢獻心力。無論如何，在慈恩寺啟動的「音樂劇」之路，終於在萬分艱鉅中漸成雛型。

《人間音緣》和「佛法因緣」逐漸為人所知曉。

以推廣人間音緣本土化為初衷，以佛教音樂藝術弘揚佛法為目的，《悉達多音樂劇》從醞釀到終於成型。為了演出佛陀的故事，彷佛全菲律賓都動了起來——由馬尼拉佛光山暨國際佛光會菲律賓協會主辦，宿霧慈恩寺暨國際佛光會宿霧分會承辦，以及宿霧佛光青年分團協辦的《悉達多音樂劇》，將在二〇〇七年七月六日在宿霧 Waterfront Hotel 初試啼聲。

在許多人的努力下，籌備、苦練了一年的佛陀的故事即將在宿霧演出，夢想就要實現了！但第一次的演出能否順利？在多屬天主教徒的宿霧，又會有多少人來看佛教故事《悉達多音樂劇》？

Act 2

期待

「我有兒子了，一個珍貴的皇位繼承者。我有兒子了，現在我的人生是圓滿的，我的祈求終於有了回應。」

萬籟俱寂的月夜，一位儀表莊嚴的人，乘坐六牙白象，從虛空中走入摩耶夫人的身體，這是一個吉祥、喜悅的日子。國王的等待終於有了回音，王后即將生下迦毗羅衛國的太子，他會是王位的繼承人……

那答案，就像大多數的答案，在夢裡……

舞台上，阿難陀低吟著。

二〇〇七年七月六日下午三點 Waterfront Hotel 戲院裡坐滿了人，期待已久的佛陀傳《悉達多音樂劇》正式在菲律賓宿霧的首場演出，六千位觀眾應約而來……陪著國王一起等待，一起為太子的誕生而歡喜。

Act 2
Scene 1

天上天下唯我獨尊

萬籟俱寂的月夜，一位儀表莊嚴的人，乘坐六牙白象，從虛空中走入摩耶夫人的身體，這是一個吉祥、喜悅的日子。

國王的等待終於有了回音，王后即將生下迦毗羅衛國的太子，他會是王位的繼承人，並將接替國王保衛他的國家、照顧他的子民，如同白天渴望黑夜接替、月亮需要太陽升起，迦毗羅衛國正需要這麼一位太子。

淨飯王：

我有兒子了　一個珍貴的皇位繼承者

賜給我兒子……
我有兒子了……
現在我的人生是圓滿的　終於祈求有了答案
這王國有了繼承者……
我有兒子了

「我感恩！在劇中讓我學習到更多的關愛與平靜，更加欣賞生活與周圍的人們！」演出國王想要擁有一個兒子的劇情時，舍奇（Cerj Micheal，飾國王）認真殷切的眼神頗具感染力，渾厚的歌聲、俐落的動作讓舞台更具穿透性。台上的國王有王者之風，台下的他感情豐沛如同他誠摯動人的歌聲，《悉達多音樂劇》讓他實現夢想，也讓他找到最大的快樂，他將他的渴望與他的歡喜從台上傳遞到台下——他喜歡將感恩的心情與人分享。

吉日，吉時，解脫時刻已到。

舞台上，阿難陀歡喜的歌聲。

是的！今日此時，正是吉時！戲要上演前，演員著裝完畢，永光法師帶著所有演員、導演和工作人員圍成一個圓圈誦經、念祈願文，祈願演出順利並祝願有緣來觀賞的人們都能得到祝福。

沒有一齣戲的觀賞者是如此被祝福著，雖然他們並不知情。而舞台的背後，也永遠上演著不為人知的故事。

晚上緊接演出第二場。一天之中演出兩場，共有上萬人前來同享喜悅，釋迦牟尼佛的一生在菲律賓讓更多人認識了。而今日此時，《釋迦牟尼佛傳》和《人間音緣》，落實了「佛教與藝文合一」的弘法理念。由菲律賓人編劇、導演、演出的英語音樂劇《悉達多音樂劇》，也做到了星雲大師所說的「人間佛教本土化」。

「大師就像阿難陀和佛的化身，一個人成就了佛光山和全世界的道場。」葛布瑞（Gabriel，飾阿難陀）激動地說出他對星雲大師的感謝，如同音樂劇中演員所唱的：

眾演員：
庇佑那些聽得到的
庇佑那些看得到的
庇佑那些在聖地的人
我們如此幸福……
在此刻

這樣的時刻，感恩又感動的不只是台下的人們，一方小小的舞台不知蘊積了多少的夢，有多少具備才華與實力的人經年累月努力奮鬥，要揮下多少辛勤的汗珠、要流落多少失望與歡喜的淚水，才能一圓展現才華的心願；而台下的掌聲永遠獻給這些汗與淚交織的身影！

Act 2

Scene 2

每一次都是第一次

空蕩蕩的台上只有幾個大木箱，台下觀眾席一排排無人的椅子將整個空間襯托得更安靜。戲，就是為著這些即將到來的觀眾而演。不知道前來觀賞的人會是誰，而每一句歌詞、每一個表情、每一滴淚水與汗珠，所有的故事情節都是為了他們而展現。演員就在台上排練，導演莎拉（Sarah Mae Enclona-Henderson）和舞蹈總監溫勝（Vincent Paul Diez Gaton）坐在台下指導演員，這不知道是第幾次的演練，但他們然依然認真走位、練唱，每一個細節都全心投入，不斷重來再修正、修正再重來。

「一個演員，最重要是情緒管理與自我的責任，這是符合佛法精神的。」

莎拉（Sarah）是個認真誠懇，自信與智慧兼具的現代女性，排練時節奏清晰而明快，和周圍氣氛十分融入，似乎天生注定是《悉達多音樂劇》的導演。

「參與演出以來，也改善了我的個性和脾氣，從中學習到『空』的妙用，用它來沉澱情緒，並將它用在教學中。」溫勝（Vincent）有著真誠的笑容和不造作的熱情，這樣的性格足以設計出流暢且多層次舞蹈場面，並將劇本內涵如實展現。

他們走過不同的國家、演過不同的舞台、面對不同的觀眾席，但是對演員來說，每一次都是第一次、也都是新的挑戰，不論演過多少場次，每一場都是全新的經驗。儘管一整天持續反覆排練、儘管汗水浸透了衣裳，對藝術的嚮往與熱情卻使他們的專注而謙虛，醇厚的歌聲飽滿了空曠的表演廳。

然而，自始至終他們都是微笑著……

Act 2

Scene 3

台前台後的呼吸

在後台布幕後側邊，貼近觀察屬於一個演員的喘息與心跳，看見他們努力調整自己的呼吸，看見他們在場景轉換中的焦慮與疲憊，也看見了他們上台前的顫抖與眼淚，原來表演者比我們看到的還要賣力。

他穿著戲服等待在舞台邊，身上的裝扮對他其實十分合宜，但他看來非常焦慮，有時他在空間不大的後台來回快速走動，有時專注看著前台但肩膀不斷地抽搐，我注意到他在顫抖、他在流淚。眼淚愈擦愈停不住，他只好轉而尋求安慰，不斷找人擁抱、握手，演員們也都伸出溫暖的手回應著他，然而他還是止不住啜泣，我望著他的背影看著他上台——

「車匿……他演的是車匿」原來他扮演的是為悉達多太子駕馬車的車夫「車匿」！

「車匿」有流暢的肢體與清亮的歌聲，我總算放下了為他擔憂的心情，我一直在舞台邊看著他演出，直到他順利下台來。接著幕啟幕落，我仍然在忙亂昏暗的後台不斷搜尋他的身影，不知他是否已停止哭泣？

這群從小信奉天主教的孩子，如何了解劇本中詮釋的佛法？如何才能深入認識釋迦牟尼佛？如何在詞曲中體會到法的真義？如何克服困境？如何調適自己？如何感動？如何表達？這些，永昭法師都細細考量過了，於是商請中英文俱佳、有正知見的陳明珠等幾位護法信徒，在平日或在排練前分別與演員們進行「心靈對話」，在每一次的談話中讓演員認識佛陀的慈悲本懷，也了解大師在《釋迦牟尼佛傳》中所揭示的義理。除了讓佛法精神點滴融入生活，也逐漸在心中升起力量。

護法信徒們不但盡心護持法師弘法佈教，也照護著這群熱愛表演、投身藝術的孩子，他們是演員的同行善知識，也是劇團的幕後功臣。台前燈光下沒有他們的身影，但是每一處角落、每一個時刻，都有可愛又可敬的護法信徒們無私的真心——

台下，從內心的薰習，到生活中的體悟；台上，從非專業到專業演出，這是一條辛苦卻堅定的路。

除了台上的戲劇演出，永光法師並要求演員們在平時也須留意言行舉止和生活細節。在台上，演員們具有敬業的精神；在台下，「孩子們」也願意保持嚴謹的態度。

永光法師說：「每個演出者都不是專業演員，卻能做到如此的程度，真的不容易！」

舞台上，他們演著釋迦牟尼佛人間成佛的過程而感動了無數人；舞台下同時也深受星雲大師人間淨土的願力所感動。幕前幕後數度提起和放下，虛實之間不斷轉換與內化。他們的心識在每一次的鍛鍊中成長壯大；在每一場演出的禮讚與發願中，心田裡已種下深厚的成佛因緣——演員們雖然辛苦但毋寧是幸福的。

也許他們知道，也許他們並不知道。

台上迦毗羅衛國還在歡欣鼓舞慶祝小王子出世，後台小王子已著裝完畢，在一旁靜靜等待長大。台前幕後的歲月正演示著輪迴與無常，告別了台上的「前世」，下一幕又是截然不同的「今生」。

阿難陀：

敞開城門　為前所未見的慶典

所有德高望眾的人　前來為新生兒慶賀送禮

此刻台上的悉達多還是新生兒，後台的悉達多太子已在緩緩踱著方步，等著長成那個耀眼星光般的英俊太子。舞台上是歡欣的氣氛，國王和王后滿懷喜悅歡迎阿斯陀仙人，希望睿智的長者為小太子帶來祝福。

阿斯陀仙人：

哦　天賜的漂亮嬰兒
你的誕生　降福予我
不曾想到在我此生
我會活著看到這一天
你來到我們的生命中
就像凌晨的曙光

Act 2

Scene 4

大師送給菲律賓的禮物

「我年紀已經大了，我不能再等待了！」慈恩寺需要星雲大師與他的弟子來傳揚佛法，這是呂林珠珠最大的心願，年事已高的她等待的就是這一天，這是她等待多時的夢。

提起永光法師初到菲律賓的因緣，妙淨法師表示：「永光法師是大師送給菲律賓的禮物！」一九八九年大師指派慈容法師擔任宿霧慈恩寺住持，同年三月十一日永光法師隻身來到菲律賓宿霧，協助慈容法師接管慈恩寺。

「為了一個信仰、為了佛光山、為了師父」永光法師拎著皮箱踏上菲律賓宿霧。他，將為菲律賓佛教做些什麼？在菲律賓他經歷了政變、地震、颱風等天災人禍，「託佛祖庇佑，一個人有信仰的力量，就會讓人提升。」人地生疏不是阻礙、語言障礙不是問題，勇往直前的永光法師，以開疆闢土的心情行走在陌生的土地上。他來了——

宿霧街頭最醒目的是天主教堂和十字架。星期日早上教堂附近很熱鬧，車輛和行人都是為了上教堂而來。最常見的的交通工具是招手即停的「吉普尼（Jeepney）」（注），它長得像是加長型的吉普車，顏色繽紛、造型獨特的「吉普尼」是菲律賓街頭的輕便公車，長長的後座安了兩排長條椅供大家面對面坐，乘客從後面上車後自動往裡面挪移。車上沒有車掌所以不用驗票也沒人收費，車費則很有默契的由乘客自己算好依次往前傳遞給前面的司機，由於天氣熱因此連車窗都省了！

注：吉普尼（Jeepney）是一種獲得特許經營權的小型巴士，最初是從美軍在二戰後留下的吉普汽車改造製成的。依固定路線運載乘客，十分便易。

繁忙的街道放眼望去，除了教堂十字架之外，還有馬車、三輪車穿梭在其中。陌生的景象彷彿提醒著永光法師，身在異國他鄉。

在宗教信仰不同的地方弘揚佛法，要克服許多歧見、疑慮與不安。新來乍到、入境隨俗，無論在街道上、在菜市場，或在當地的天主教堂裡，永光法師都希望能隨緣自在、無懼無畏：「當我們還沒有佛像的時候，瑪麗亞！你就是我的觀世音菩薩！」瑪麗亞聖潔慈藹的笑容回應了眼前孤身奮鬥、為法忘軀的法師。異地相逢、同體慈悲，共將此心盡託明月，一切又何須言語……

本傑銘（Benjie，飾佛陀）：信仰已經無關乎宗教性的差異。

葛布瑞（Gabriel，飾阿難陀）：無論上帝在哪裡，但愛是相同的。

舍奇（Cerj，飾國王）：布施是最大的快樂。

永光法師來到慈恩寺，呂林珠珠終於完成婆婆的遺願。靜謐的慈恩寺清晨有慈母般的溫暖曙光，這道曙光同時也照耀到菲律賓的土地，成為人間佛教履及菲國的的第一道光輝。

Act 2

Scene 5

為另一層次的愛 拭淚

菲律賓人熱愛歌唱舞蹈、非常具有藝術天分，劇團的孩子各個都懷抱舞台夢而來，舞台上，他們得到展現才華的機會，實現了表演的夢想；生命中，從上帝到佛陀、從天主教到人間佛教，他們感受到另一層次的愛，看見更開闊的世界。

談起參加悉達多歌劇的心情，每位演員都流下感恩的淚水，甚至全程流著眼淚接受採訪，激動處就任眼淚往臉頰流注也不擦去，他們的心中情感滿溢、一觸即發……

本傑銘（Benjie）：每次扮演佛陀後都充滿感恩與快樂，心中感到平靜，尤其是藉由佛劇給人佛法大義，是非常值得的！

葛布瑞（Gabriel）：希望有更多的阿難陀出現，讓世人更受益。我只是個平凡人卻能獲得這個機會，也希望把這些帶給更多的人。

舍奇（Cerj，飾國王）：戲劇是傳揚佛法的工具，唯有真正的教法——佛的真理才是無法取代的，對於這些我覺得不可置信，我甚至可以為「它」而死！感謝星雲大師給我這麼多！

舞台上是幸福歡欣的場面，但是智慧的長者阿斯陀仙人卻腳步沉重、面容悲傷。

淨飯王：

哦　慈悲與智慧的導師

請您坦白地說　不要讓我們猜謎

為何淚水從你的眼睛滑落

阿斯陀仙人在舞台上佝僂身軀、腳步蹣跚，他巍顫顫望向遠方，眼睛蓄滿了哀傷又歡喜的淚，阿斯陀仙人眼中的淚光讓我感動了：「多麼感謝在今生得以聽聞佛法！」和其他演員一樣，范世（Francis Eric Isidro，分飾魔王、阿斯陀仙人、車匿）受訪時同樣眼眶泛紅、語氣哽咽，激動處幾度淚下，舞台對他來說是極其珍貴的夢想，范世（Francis）十分珍惜這樣的機緣，說著說著又落下眼淚：「非常感恩有機會演這些不同的角色，演阿斯陀時我的心和他一樣，是悲傷的……」

阿斯陀仙人：

我傷心因為我無法看到
在真理的曙光顯露以前
在那天來臨前　我已離世
你的孩子會長大成人

有兩個選擇　他將選擇其中一個
一個成為國王　另一個成為修行人
若他選擇後者　他將成為一位覺悟者

舞台上是阿斯陀仙人悲傷的面容：真理的曙光就在前方而他年已老邁。他知道自己再也無法等到那一天了！像個追求光明的人卻只能在黑暗的盡頭幽咽——他的歌聲催起「時不我予」的失落與悲涼——台下一定有人，正默默與他同聲一哭。面對人間的離別與失去，除去眼淚，無法言說……

淨飯王：
不　不　我不允許　在我有生之年我不允許
我絕對會讓他知道　他不可以離開我

這是一個父親的惶懼心情，但他的孩子終究是要離開的，他的孩子終究是要離開的……

Act 3

悉達多！悉達多！

「悉達多！悉達多！我們稱頌的名字是悉達多！因為有你，世界更加明亮。」

皇宮的高牆將太子與外界隔絕，悉達多看不到世間的苦難與醜惡，他在所有人護衛下平安無憂的長大……。但國王不知道阿斯陀仙人的預言就要成真，如同他也不知道生命中即將擁有的美好未來。

不！不！沒有任何人、任何事可搶走我的兒子！國王多麼不願見到阿斯陀仙人的預言成真啊！他一定要想盡辦法阻止事情發生。

淨飯王：

在四周建起高牆
我的兒子需走在神聖的土地
不再有惡劣的預言
能改變或重新安排
沒有黑暗的景象
可以將我與兒子分開

國王向空中大力揮著手，憤怒的眼神透露著恐懼，兒子是他期盼了許久的珍寶，他無法，也不願面對失去的痛。

Act 3

Scene 1

走過那些失去的日子

二〇〇七年首演兩場成功後，劇團又繼續排練，因為他們即將回台灣佛光山演出。《悉達多音樂劇》對外演出一直是所有人的心願，如今這心願即將實現。林玉珊隨著覺林法師到台灣。沒想到，這一去竟與另一半成永別——就在她回台的那天晚上，留在宿霧的陳祖仁遽然往生，往生的前一刻，他還在越洋電話中關心劇團回台演出事宜。

十年生死兩茫茫，失去的背後是更大的承擔。

摩耶夫人：

我的國王　不要氣餒

我們有了兒子

那才是此刻最重要的

淨飯王：

但我將沒了兒子

最終將失去他

舞台上的摩耶夫人有沉穩內斂的眼神，成熟睿智的言語讓人感到安心。一個母親所擔負的不只是傳承的責任，更是所有人賴以支撐的堅定力量。

摩耶夫人：

我的兒子不屬於我

他渴望成為他自己想要成為的自己……

我是弓　他是箭

他的人生從我的懷抱開始……

摩耶夫人在生下兒子七天後離世，然而……美麗的故事剛開始，它慢慢在你眼前展開，就像那靜靜的蓮花」……「我扮演摩耶夫人時，知道『他』注定是不平凡、是偉大的！」瑞亞媚（Reah May Sadaya，飾摩耶夫人）說出對心中對「兒子」的感覺。

Act 3 Scene 2

在菜市場被撿回來的

一九八九年宿霧慈恩寺四次到佛光山向星雲大師請法，慈容法師、永光法師赴菲律賓至今近三十年。三十年來菲律賓人間佛教從無到有、從艱辛起步到開花散葉，菲律賓華人的護持與用心是非常大的助緣。

那一年永光法師抵宿霧，地頭生疏、話語不通，一切從頭摸索。因為節儉、因為沒有代步工具，他甚至和當地人擠「吉普尼（Jeepney）」外出或走路到市場。在異地生活連上菜市場買菜都是挑戰，更別說是在陌生的天主教國家弘揚佛法！弘法的艱辛與障礙，永光法師慣將箇中辛酸輕描淡寫：「我是在菜市場被玉珊的媽媽撿回來的！」林玉珊的父母林松齡和楊雙鶯是虔誠的佛教徒，常以寺為家，自法師來慈恩寺他們夫妻倆即全力照護，對寺廟的關注、對佛法的護持單純而真摯，法師也逐漸和宿霧結下深厚法緣。

「其實總住持是很有魅力的！」妙淨法師憶起前輩們開創時期的艱難，充滿感恩……

每踏出一步都是未知、每做一件事都是陌生；開拓的路，辛苦的不僅僅是外在環境的阻礙，更多的是內心的衝擊與不安。然而這一切，都要自己咬緊牙關面對。

「佛陀傳」發揮了創新的精神，度過最困難的階段後，劇團即將登上菲律賓文化中心的舞台──「菲律賓文化中心（Cultural Center of the Philippines，簡稱 CCP）」，這是所有藝術表演者心中的聖堂，能在 CCP 演出是表演者最大的榮耀！「我們的目標就是登上菲律賓國家劇院的表演舞台」時任菲律賓總住持的永昭法師這麼說。聽到有機會踏入嚮往中的舞台，演員們都哭了……

Act 3

Scene 3

一句阿彌陀佛

舞台上小悉達多睿智而沉穩，他只喜歡獨處思考，對任何事情都充滿好奇。

小悉達多：
天堂在自己心中
我們心裡都有一個答案
讓整個世界脫胎換骨
從你我開始
天堂在自己心中

星雲大師看著小小年紀的菲律賓兒童合掌念著「阿彌陀佛」心中大為感動：「真是萬德洪名啊！一句『阿彌陀佛』叫開了天堂之門、打開了淨土之路」、「讓慈恩寺成為當地人皈依三寶的學校」。

二〇〇九年星雲大師親自到宿霧慈恩寺主持皈依典禮，曾經說出這樣的期許：「大家都皈依三寶，都得度了！」並指示在慈恩寺建立藝術學院，讓這些有藝術天分的孩子得到展現才華的機會。藝術、文化作為媒介、慈悲與愛心作為養分，大師在人間散播的愛，也在菲律賓的土地上生了根、發了芽。

永光法師時常跪在大殿向觀世音菩薩祈願：「觀音菩薩！您是台灣花蓮來的，我也是台灣來的，請您一定要護佑我！」觀世音菩薩真的聽到了，慈恩寺各項弘法活動逐漸順利推廣，為菲律賓還有當地華僑的孩子扎下善根種子，菲律賓的弘法之路也從「文化」與「教育」一一展開……

呂林珠珠說：宿霧一定不讓人師失望！

人間佛教當然也不菲律賓失望……

Act 3
Scene 4

你是獨一無二的那顆星

皇宮的高牆將太子與外界隔絕，悉達多看不到世間的苦難與醜惡，他在所有人護衛下平安無憂的長大，太子在安樂的環境中習得了哲學、科學、武術和技藝，逐漸展現他超凡的智慧和能力。淨飯王心中無限欣慰：迦毗羅衛國就要產生一位賢明的君王，他將帶領子民建立強盛安樂之邦。但國王不知道阿斯陀仙人的預言就要成真，如同他也不知道生命中即將擁有的美好未來

眾演員：

悉達多　悉達多
他的名字叫悉達多
你在宇宙的中心
你是獨一無二的
你是那顆星……

時間如常的往前推移，悉達多愈發成熟，對生命的疑惑和現狀的不安也逐漸加深，但心中的疑惑無人可為他解開——

悉達多：
我不安於這榮耀的人生
玫瑰用不同的名字仍然一樣芳香
我的內心並不特別　與你們一樣
你們中任何一個……

「孩子們」毫無怨尤在劇團裡刻苦練習，「舞者比主角還要辛苦，演完下台看他們就像剛從水裡上來一樣，全身都被汗水浸透了！」「如果不是出於對藝術的熱愛是無法撐下去的。」法師對孩子們的關愛常溢於言衷：「孩子們在台上是真的摔、打，下台來身上都是瘀青！」但演員們還是時刻感恩：

駿睿（Junrey，飾悉達多）：「心裡非常感謝星雲大師，我對自己說：『肯定自我在世上的意義』」

本傑銘（Benjie，飾佛陀）：「十年來，為了劇團需要，不管如何我都會放下一切！」

為藝術、為表演，孩子們的努力終究會換來肯定——

時節因緣成熟了！適逢馬尼拉信徒楊麗瓊和戴育仁伉儷為替病中母親祈福，贊助演出經費，除外，馬尼拉等四個島的信徒也出錢出力，十方的愛心像及時雨般匯集，劇團終於完成夢想——二〇〇七年十一月在菲律賓文化中心（CCP）隆重演出。

因緣際會，覺培法師來了！來到馬尼拉的覺培法師看到這群孩子在菲律賓文化中心（CCP）的演出：「太震撼了！」覺培法師說：沒想到釋迦牟尼佛的故事能在菲律賓演出，並在舞台上以音樂劇的方式呈現，他當下決定促成劇團回台灣表演。

因為覺培法師的推動，二〇〇八年五月劇團終於如願到佛光山、高雄文化中心，以及台北國父紀念館共演出十場。尤其以回到佛光山演出的那一場最是動人：總本山都監院在不二門廣場搭起臨時舞台，演員們就在半露天下表演。像回到久違的家，在似熟悉又陌生的天幕下、在無邊無量的諸佛菩薩面前，演員們以歌聲訴說悉達多的故事。有別於在其他場合的演出，在「家中」的舞台和久違的「親人」以法相會，表演者和觀賞的人都動容了。大師非常高興的和劇團的孩子們見了面，並肯定他們以藝術文化弘法的價值，勉勵以「佛傳」讓更多人認識釋迦牟尼佛與人間佛教。

一個善念的接引，是驚蟄後的一聲春雷，春聲雷動，響遍大地，春雨汨汨灑遍四方——

從菲律賓文化中心，到高雄文化中心、國父紀念館還有佛光山的舞台……演員們在每一場演出中圓滿著一個接著一個的夢。

機緣成熟之際，由於心保和尚的支持，以及西來寺住持慧東法師、當家慧浩法師和如揚法師的協助，得以遠赴美國表演；還有妙穆法師促成新加坡的演出，星馬總住持覺誠法師也大力成就劇團在全馬來西亞推展開來；更因五校一體（注）的會議而成就了香港、澳門、日本和紐西蘭巡迴，以及二〇一七年六月在澳洲演出。演員們就在世界各地用音樂劇說故事，讓世人更了解佛陀、親近佛陀。

注：星雲大師發動的「百萬人興學運動」如今佛光山有五座大學。跨國的佛光山全球大學系統，在台灣有宜蘭佛光大學和嘉義南華大學、美國西來大學、澳洲南天大學、菲律賓光明大學，這也是世界上唯一由同一個教團主辦的國際大學系統。如今五校一體，資源共享，一校註冊，可以五校修課。

將二千六百年的時光濃縮在一方舞台，用三千界、五大洲的心情邀請你我同遊人間淨土！演員們非常感恩所有的相助機緣，讓他們幾年之內走了許多的國家，用歌聲與舞蹈訴說悉達多太子的「流浪者之歌」。這群熱愛藝術的天主教演員，在不同的地方，用同樣的虔誠心情，歌頌著悉達多：

眾演員：

悉達多　悉達多

我們稱頌的名字是悉達多

因為有你　世界更加明亮

Act 3
Scene 5

小小的謝意

葉素珊（Susan Tan）原是虔誠的天主教徒，受婆婆影響而接近慈恩寺，因為深刻體會佛法的尊重與包容，於是決定受持佛法而逐漸不再上教堂。她爽朗地笑著說當初的改變：「上帝是個慈和的好人，我相信祂會理解我的。」因為和演員互動親密，演員們總暱稱她為「保母媽媽」。

「非常感謝星雲大師支持宿霧年輕人，讓他們的才華得以發揮，也讓世人更認識菲律賓。」「Isang Munting Pasasalamat」宿霧長大的葉素珊感性地說了這句宿霧語，它的意思是：「小小的謝意」。

每一份微細的感恩留存在所有人的心底，涓滴匯注成不斷流淌的長河，人間因有愛、有善美，而成就淨土，而有了希望。

永光法師遵照星雲大師的指示，將劇團作短期與長期的規劃：希望悉達多劇的優秀團員能拿到教師證照，將來到光明大學授課，使得悉達多歌劇的藝術與夢想得以薪火傳承，更將釋迦牟尼佛的教法永遠流布在人間。

「希望大師多給我們一些時間！」永光法師真摯期望著……

Act 3

Scene 6

釋迦牟尼佛是一個人

長時間的醞釀與等待、努力不懈的鑽研與練習，只為了台前那一刻，厚重的帷幕將台前與幕後分隔成兩個世界。演出前演員們在布幕後面等待著，他們姿態神情各不相同：有的背對著舞台靜坐一動也不動、有的面向舞台坐著緊盯著布幕、有的在緩慢地不斷迴旋、有的專注做著柔軟操、有人握著對方雙手互相打氣，「阿斯陀仙人」坐在舞台邊大椅子上大口吐氣、「淨飯王」氣定神閒坐在椅子上嘴角有淺淺的微笑，白色戲服的女孩一開始就閉目靜坐直到開演——儘管她只是小角色，有的什麼也沒做只是繞著舞台踱方步。

台前燈光亮起、觀眾慢慢入席了，他們彼此低語或輕鬆等待著。沒有人看見一幕之隔，演員們正為著幕揭開的瞬間，嚴陣以待。

化妝室裡演員們忙著梳頭上妝，一點一點、一層一層地把自己變成劇中人，他們哼著歌、嘻笑著，互相支援、彼此幫忙，裝頭套、拉拉鍊、綁腰帶；寺院義工忙著整理戲服，用蒸氣熨斗仔細燙平衣服，忙碌熱鬧的走道貼心地提供了茶水和點心。法師們穿梭在化妝室與舞台間安排大小事宜。只有演員偶然吊嗓子的聲音沖淡了些忙碌緊張的氣氛，仔細端詳會發現孩子們有時略顯疲憊，只是被稀釋在熱情和開心的笑容裡了。於是，一次一次、一年一年，孩子們逐漸將自己「演化」成心目中所崇敬的角色。

佛教不是宗教而是學習、佛法不是教條它是生活，釋迦牟尼佛不是神——祂是跟我們一樣的人。

只要給我們時間，只要我們依教奉行，我們也能成為一尊佛！

劇團導演莎拉（Sarah）說：「《悉達多音樂劇》將佛法的精神以戲劇的

角度告訴觀眾，十年、二十年後一定對社會人生有深刻的影響。」

努力的人、誠摯的心和堅定的願，都需要歲月的鼓勵與肯定；光陰拉開了時空，也厚實了一切。美好的夢想如同慈恩寺的鐘聲，乘著時間的河，悠悠迴盪、揚遍遠方，遠方正殷殷呼喚：悉達多！悉達多！我們稱頌的名字是悉達多！你的光芒永遠存在。

耀眼的光芒來自金剛一般堅定的信願。

Act 3
Scene 7

破銅爛鐵也成鋼

宿霧經歷了各種天災與人禍：三十年來最大的颱風曾將慈恩寺大殿三面玻璃吹得支離破碎、颱風夜有人來偷功德箱、菲律賓人趁火打劫偷大殿裡掉落的鋁條……永光法師無奈之下拿起木棍趕跑搶劫的人；也經歷了菲律賓武裝政變：面對星雲大師關心的詢問，永光法師說：「萬一我被綁架了，請大師千萬別付贖金，這樣一來人家會誤會佛光山很有錢！」

拓荒者面對風雨只有揚起風帆、破浪且乘風，永光法師執起「永遠光明」的火炬，照亮了菲律賓人間佛教之路！築夢的過程許或有說不盡的艱辛，但想起師父對他說的「八字箴言」：「認真說法、認真誦經」，就足以義無反顧、勇往直前，身體動過五次刀、心跳曾高達一八八，捱過的痛只有自己知道，但只要心中有信仰「破銅爛鐵也成鋼」啊！

天下起雨了！慈恩寺走廊長桌旁，訪談的話語未歇而雨聲淅瀝，廊下，呂林珠珠的婆婆雕像站在花圃裡彷彿側耳傾聽，嘴角揚起慈憫的笑，臉上，是串落的淚珠……

慈母淚眼望盡的遠方，雲聚雲散如真似幻，就像花園裡的花開花落，一切啊！不可捉摸、悄無聲息。

日出日落間，那個卓爾出群、世無與倫的悉達多太子已經長大成人了。

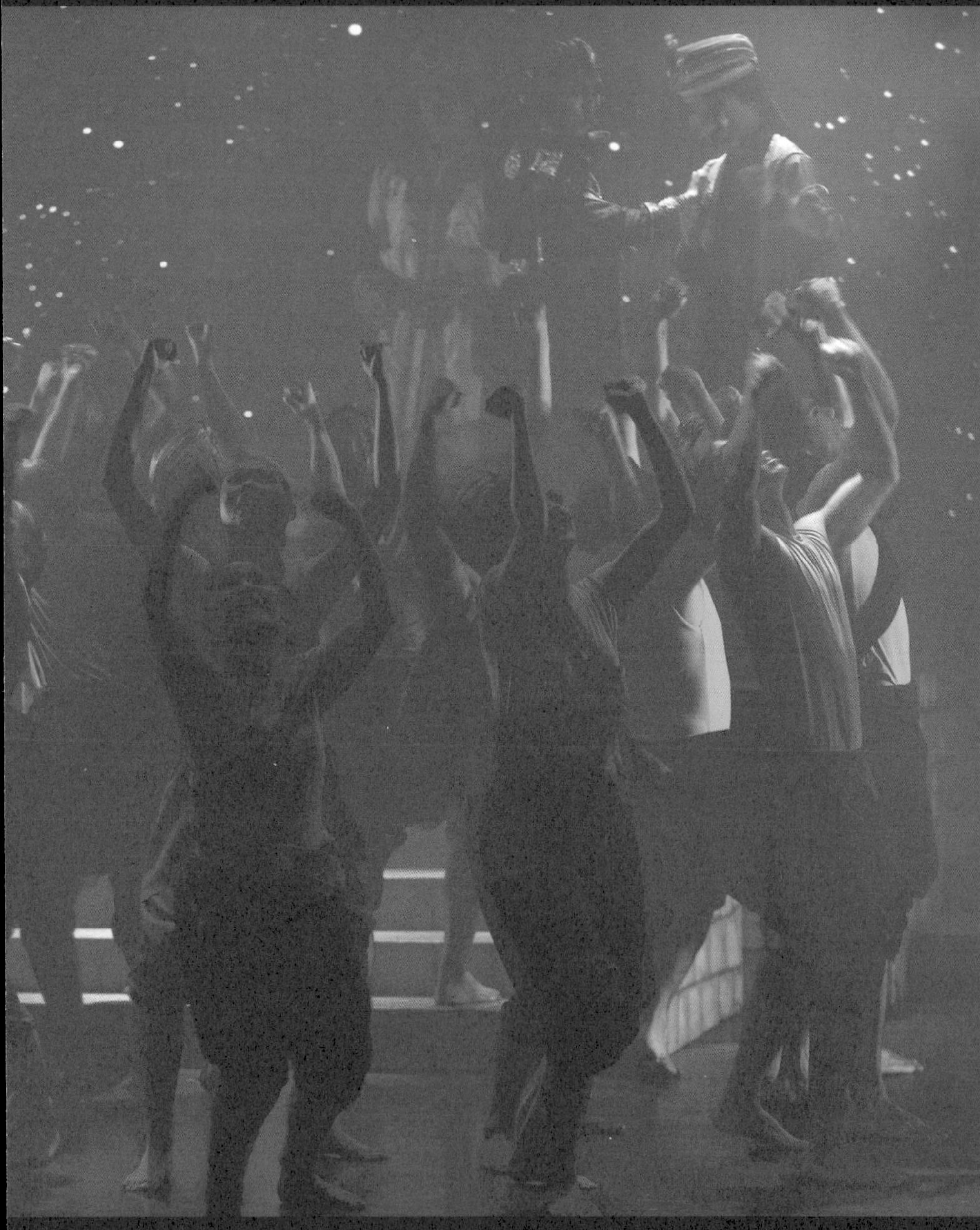

Act 4

出城

「車匿！每一個人都要歷經這樣的折磨嗎？」

為了不讓悉達多看見世間苦難，國王製造了一個沒有憂愁、充滿幸福的都城。然而富庶安樂的背後，依然上演著生老病死的苦難真相，雖然國王極力掩飾，太子還是看見了。

Act 4
Scene 1

無常已悄然掩至

悉達多太子遇上美麗的公主耶輸陀羅，他們在眾人的見證下舉行了婚禮。

悉達多的婚禮正在彩排，台上不斷練習歡樂的舞步，幸福的歌聲洋溢在空蕩的舞台，一次又一次地排練，快樂也一次又一次地重複著。我在觀眾席上，眼裡、耳根都非常不真實——這是可以不斷重來的快樂，只可惜人生沒有幾次這樣的幸運。舞台如人生：一個躊躇，就是一輩子；一次回眸，又是一個轉世。

而渴望的幸福，總是消失在轉身之際……

國王非常高興太子終於找到生命中的心靈伴侶，也許，也許呀！太子會享受、會沉浸在幸福的感情世界，迦毗羅衛國也從此有了繼承人。

所有人都同聲祝福，笑容洋溢在每個人臉上，悉達多！悉達多！人們在口中、從心裡這樣呼喚著他，他是天上最閃亮的那顆星，他擁有每一個人的愛：

阿難陀：

他叫悉達多
一個和你我一樣的人
他大膽又勇敢
如此熱情
而我決心跟隨他
而我決心跟隨他到最後

美麗聰明的耶輸陀羅在歡樂中卻隱約明白著什麼……

耶輸陀羅：

他叫做悉達多
一個擁有我心的男人
是的　我誕生是為了愛他
但我自始明白
我無法握住星光
我無法留住要飛翔的鳥兒

JJ（Joanna Jane Ang，周安娜，飾耶輸陀羅）：「很感恩耶輸陀羅走入我的生命，我的性格和她有很多相似的地方。」JJ眼神清澈柔和，言談中散發著堅毅與智慧。四分之一中國血統的JJ笑起來很好看，有種純真又高貴的氣質，演出耶輸陀羅恰如其人！

迦毗羅衛國的快樂歌聲溫暖了表演廳，台上台下交融著歡愉的氣氛。很少人願意承認，歡樂其實很短暫。

台上悉達多太子正在快樂的成婚，然而歡樂的歌聲很快就過去了，下一個瞬間，舞者已匆匆閃進後台快速脫下身上戲服，套上另一個軀殼——哦！他們這回要演的是老、病和死亡。一個女舞者就著後台微弱的光線匆匆換上破舊的衣服，她表情嚴肅、有些緊張，臉上已經沒有台上跳舞時的歡快笑容。

笙歌高唱時　無常已悄然掩至

王宮深處　傳來離別的腳步聲……

Act 4
Scene 2

我決心跟隨他

一九九二年，永光法師離開慈恩寺，往幾百公里外的馬尼拉行去。這會不會又是一個更大的挑戰？

悉達多太子在宮中享受世間的榮華，他心中卻思念那清朗開闊的曠野，他只想在清幽的環境漫步、在寂靜的地方沉思。這一天他稟白父王：想離開皇宮往城外走去。高厚的城牆再也圈不住太子的天空，城外傳來遠方的訊息，他的心——隨著那呼喚而去。

阿難陀：

我清楚記得那一天
所有的因和果連成一線
那天悉達多接觸到這些跡象
開啟他的眼界

國王下令打掃城外街道、路的兩旁不准有龍鍾的老者和呻吟的病人，也不准太子看到貧苦的窮人與乞丐還有死亡的屍骸，國王並安排大臣與侍者跟從太子以隨時回來向國王報告。這一天，迦毗羅衛國妝點得華麗非凡，太子的車駕所過之處，男女老少在一旁揮手致敬口中喊著：「悉達多！悉達多！」為了不讓悉達多看見世間苦難，國王製造了一個沒有憂愁、充滿幸福的都城。

然而富庶安樂的背後，依然上演著生老病死的苦難真相，雖然國王極力掩飾，太子還是看見了：「車匿！這個老人為什麼這麼衰弱痛苦？」

太子的車夫車匿只好忠實回答：「太子！如您看到的他是一位老者，他也曾年輕過，但年華消逝後，歲月終究會摧毀他的身體……」

「車匿！每一個人都要歷經這樣的折磨嗎？」

「是的！太子——」

太子嘆氣了：「車匿！我們回去吧！」想到老之將至，想到自己以及所愛的人終將面對的衰老，太子再也無心冶遊了。

帶著慈恩寺借來的三尊佛像，還有描戈律圓通寺借來的二萬元，永光法師獨自來到馬尼拉市王彬中國城的阿蘭計市場（Alangay）。狹窄的街道上擠滿了大小汽車、三輪車，行人相互擦肩、商店櫛比鱗次，兩旁小攤賣著各種蔬果和日用什貨。這個熱鬧的、充滿生機的市場是永光法師停駐的地方。人車雜遝的街道旁座落一棟五層樓的公寓，樓下小小的門往裡走，輾轉拾級而上，通過五樓安靜的甬道，盡頭是間格局簡單的公寓。這間隱於市集的小屋子正是日後的「馬尼拉禪淨中心」——永光法師在這裡開始了馬尼拉弘法的第一步。

太子出城回宮後終日愁悶，國王因此非常擔憂，勸說太子再出城散心。這一次，國王更加用心布置太子必經之處，希望太子能重拾笑容。但太子還是看見了……

「車匿！他怎麼了？」「他病了！太子！」「唉！我們還是回去吧！車匿。」想起人世間這些不可避免的病苦，太子再次悲嘆了。

不管國王如何安排與迴避，在最後一次出城時，太子終究看見了「死亡」。

悉達多：

車匿　請原諒我的無知

你知道這是什麼嗎

車匿：

我的主人　那是位死人

我們也將會是其中一個

誰也不能避免

目睹死亡的悲慘景象，太子悲痛不絕：「死亡已經靠近了我們，我怎能目送生命悄悄消逝？」

太子傷慟的神情觸動了車匿的心，善良的車匿也禁不住悲傷了。

悉達多出四城門見到老、病、死亡，眼中流露的是無比慈悲的目光，為了詮釋老病的疲弱與死別的遽慟，演員在台上忘神的摔、跌、嘶吼，近距離看到的是舞者淚珠與汗珠往外噴迸，頭髮披散凌亂了、身上的衣服浸溼了、臉上分不清是汗還是淚：悉達多看見了眼前的悲痛與死亡，他震撼、驚嚇也茫然，眼裡全是傷痛和無奈，眼前的苦難叫他束手無策啊！此刻，他的悲傷正往四周蔓延，彷彿受到了感染，所有人都憶及曾經的苦痛，內心隨之百感交集。

飾演「老」、「死」的演員回到後台了，他們又迅速地卸下一身的業障，套回華麗的戲服，後台燈光昏暗下，他們急切地找著自己的另一套戲服，準備迎向下一個挑戰！

悉達多：

我必須嘗試　尋求答案

應該有方法停止這個詛咒

死亡的場面真實在面前，悉達多震撼驚駭，無法漠視死神的逼近、無法面對傷慟的哀號和眼淚，他必須做些什麼……

悉達多：

我應該可以做些什麼

現在　我知道此生的意義

在我所主導的這一生

我會尋找一件我可以做的事

Act 4

Scene 3

阿蘭計市場的菩薩

永光法師心中有些疑惑：馬尼拉人地生疏且沒有信徒，去了之後能做什麼？但他一定要遵行師父說的話：「馬尼拉是菲律賓首都，佛法要進駐馬尼拉，才能擴大佛教的影響力！」隻身前往馬尼拉，暫時借信徒位在阿蘭計市場的這間小公寓棲身。

阿蘭計市場附近除了日用百貨、水果蔬菜之外，免不了賣魚賣蝦，因此周圍時常垃圾滿地臭味薰天。五樓的小小公寓空無所有，初到此地的他先到市場向人要了紙箱充當桌子，買一碗飯、一顆芒果，解決了初抵阿蘭計的第一餐。他鄉異地、四顧茫然，毫無頭緒的永光法師想起大師的悲心願力，思索著自己往後的路：「該為菲律賓做些什麼……」

眾演員：

你不能夠做什麼

悉達多：

我可以做到

眾演員：

你不能夠做什麼

一九九二年來到馬尼拉，當時的馬尼拉是佛道不分的。永光法師舉目無親，看起來疲弱瘦小，信徒問：「您來做什麼？」

「來為菲律賓佛教做一點事……」

「如果不是大願心和大願力是不可能如此成就的，跟著永光法師做事心臟要夠強才行……」馬尼拉第一位信徒陳珍珍時常坐著馬車到阿蘭計探望法師：「小公寓五樓後面是酒吧和卡拉OK、一邊是痲將間、樓下是魚肉市場，一進去臭味就撲鼻而來，我們幾次勸說另找地方，永光法師都安之若素：『我在菜市場是活廣告，穿著僧服行走其間還可以度人……』」。

安住在侷促雜亂的環境中，一點一滴灑下佛法甘露、一步一步踏出慈悲的印跡。「當時生活很拮据的！有時候去看永光法師，常見他坐在紙箱旁吃著簡單的麵線。很多人都愛聽他說法，他對時事、對生活等事物的見解往往不同於常人，說出的答案總是讓人很滿意。」

他應該知道些什麼

我必須跟著他

向他學習

悉達多心中做出了最後的決定——

他拔出配戴在車匿身上的寶劍，將自己頭髮切斷、脫下身上服飾交給車匿：「請轉告我的父王和耶輸陀羅，為了超脫生死大海、為了解救眾生的煩惱痛苦，我必須去尋找答案！」「車匿！你回去吧，不要再悲傷了，這也是你最後一次為我辛苦了！」

悉達多：

我會找到心中所有問題的答案

這是我將做的一件事

Act 4

Scene 4

馬尼拉的天空

信徒口中「做事很有把握」、「看事情角度跟人不同」的永光法師很快地獲得人們的敬重，人間佛教也在馬尼拉慢慢挹注了活力和智慧，從「佛道不分」、「只會拿香拜拜」、「讀到經書就打瞌睡」、「不知道什麼是人間佛教」到「看得懂經書內容」、「喜歡佛光山」、「歡喜推廣人間佛教」，馬尼拉的天空忽然開闊了起來——啊！原來世間可以如此光明、日子可以這麼充實美好！

「所有人都被永光法師和永昭法師兩位 Super Master 感動了！完全心甘情願跟著法師」，「只要是法師說的，我們是不會 say no 的！」積極而寬宏的人間佛教理念開啟了眼界，佛法讓每個人找到心中的淨土。

陳珍珍描述她初次到佛光山：「我簡直大開眼界，它就像世外桃源、像淨土，是讓我學習、使我安心的地方！」

緣於對佛法的渴求，菲律賓的信徒們，無不抱著萬分珍惜的心情：「我真的很喜歡佛光山！」即使身體發生狀況，仍堅持「請佛祖保佑」讓她可以再到道場發心，「因為還要回來寫新聞稿啊！」說起在佛法中所獲得的慰藉，葉錦櫻臉上有種寧靜、安心的神采，一如馬尼拉溫和柔亮的天空。

「車匿！你回去吧，找到答案之後，我會回來的！」

「太子！太子啊！你捨棄了王位和眷屬，你也捨棄了我！」

車匿望著太子離去的背影……無助悲泣……

Act 4

Scene 5

紙箱上的艱難時刻

星雲大師的高瞻遠矚，使阿蘭計市場的「馬尼拉禪淨中心」成了菲律賓馬尼拉的淨土。

「我第一次讀到大師的《釋迦牟尼佛傳》看到太子出了四城門而尋求解脫之道時，觸動了我找尋答案的渴求。」陳珍珍說許多人在阿蘭計「馬尼拉禪淨中心」不但得到答案和慰藉，也找到生活指南和未來方向；永光法師的「紙箱生涯」創造許多人生命中難忘的美好時光：「慢慢地來聽法的人愈來愈多，永光法師常常到下午三、四點還沒吃午餐……」

小小的佛堂坐滿了聞法若渴的人們，台灣來的比丘尼，在天主教的國家用佛法給人希望，在市場偏僻的一角散發著強大的力量。一心想著「為菲律賓佛教做點什麼」的永光法師，沒料到遇上的是最艱難的時刻——

當時菲律賓正值動亂，天災人禍不斷，颱風、火山爆發、大淹水、大暴雨。有一次發生政變馬尼拉街道出動了槍砲和飛機坦克，永光法師當時還住在小公寓裡。隔天中午，信徒去探望他，永光法師不知道外頭是槍砲聲，還以為是街上放了一整晚的鞭炮，不曾想過：萬一遭受槍砲波及，阿蘭計禪淨中心小小的房間根本無處躲避。

但是有眾生的地方必定有弘法者的身影，菩薩慈憫眾生總是往最難處去。

前面是苦行林，車匿頻頻回顧、無限眷戀……太子正往苦行林深處走去，他沒有回頭。

星雲大師說：「向前有路」。

Act 5

轉身

「我要等多久？你何時能回家？我的心何時能平靜？」

黝暗的樹林裡，悉達多獨自用功修行，正受著嚴苛的考驗，只見形容瘦削的他時而倒立、時而將身體扭曲，悉達多痛苦的臉上看起來孤單又疲憊，但他身上散發一股堅定而勇敢的氣息。

太子轉身往苦行林深處走去，他知道車匿正為了他的離開而悲痛欲絕，他知道車匿正因不知如何面對國王而害怕，他知道此刻的車匿啊！一定舉步維艱惶恐無助。然而他又何嘗不是？

前方的樹林是他今後棲身的地方，他將餐風露宿、裸露行跡，過著與皇宮裡的豪華舒適迴然不同的日子，他的內心是惶恐不安的，他甚至不知道該往哪棵樹底下去？他的心被痛苦折磨著：他是如此的想念她美麗的耶輸陀羅和剛出生的孩子，還有啊！他年老的、對他寄予厚望的父親！

但是，幽深的樹林靜靜地在面前等待並呼喚著他，樹林裡的某一棵樹下，也許有他想要尋求的答案——那是他心中最大的想望，他想找到生命的真正意義，想知道解脫痛苦的方法，而遠方的都城啊！是他所愛的家人、也是他最深的牽掛。兩種矛盾情感不斷拉扯悉達多的心。但他內心還有一股更強大、更解不開的力量日夜束縛著、纏繞著他。他必須找出這些問題的解答——

他只能向前走——

Act 5

Scene 1

佛陀在微笑著

「悉達多」走下台，在後面等著他的工作人員隨即幫他褪下太子服裝換上修行服。此刻的「悉達多」已是個修行人了，他自然地對著幫忙更換衣服的人低頭、合掌，態度是如此真誠柔軟。看見「悉達多」的勇敢和堅決，也看見駿睿（Junrey，飾悉達多）的謙遜慈和。一旁的我，內心也溫暖了！

舞台側邊出現一個身影——「佛陀」著裝完畢從後面過來，靜靜走過我身旁。我對佛合掌、佛對我微笑「無論何時何地，總有美好事情在發生……」對著佛的背影，我這麼想著，不禁對自己微笑！

舞台上燈光昏暗，耶輸陀羅坐在角落悲傷哭泣，淨飯王慈祥地安慰著她，向她保證會找回出走的太子。

淨飯王：

阿若憍陳如　阿說示　跋提　跋波　摩訶男

去搜索整個樹林　去找太子悉達多

用盡所有方法

你們不能回來

直到他跟你們一起回來

快去

飾耶輸陀羅的 JJ 說：「我能體會耶輸陀羅的歡喜與憂愁，也能理解她離別時的心情，我想我知道耶輸陀羅心中有更寬大的想法，對於後來發生的一切歡喜並接受。雖然我還年紀輕，但體驗並沒有年齡的限制，耶輸陀羅也許並不真正明白太子的想法，但是她信任太子，心中並沒有仇恨。」

「妳才二十六歲，如何詮釋這份深刻的失落、矛盾與痛苦？」JJ笑著說：「耶輸陀羅嫁給悉達多太子才十六歲呢！」是啊——情感與寬容；智慧和勇氣，有時不能以年齡來論定！

阿若憍陳如、阿說示、跋提、跋波、摩訶男五位大臣受了國王的指示，五人帶著惶恐的心情來到苦行林尋找太子，國王下令找不到太子不許回去。

苦行林裡的太子修著各種苦行，看起來形容枯槁疲弱不堪，但太子的心是平靜且堅定的。

走在熱鬧的王彬中國城街道，永光法師偶爾走進店鋪和人打招呼，老闆夫婦趕忙迎出來，夫妻倆含笑合掌：「光師父在阿蘭計我們就跟著信佛囉！」賓主相視一笑，笑容裡，有多少前塵舊事才提起、又放下？想轉移突然湧上的感傷，我只好將目光投向店外的人潮：海外華人和菲律賓人同在擁擠的街，他們彼此並肩為著生活而努力，如同這婉轉曲折的街巷——生命轉彎處總會有亮光。越過忙碌的車與人，我們轉向另一條路，「就是前面這一棟……」永光法師停下匆忙的腳步，一棟五層的舊大樓默立在街邊，「它」就像多年故友—別來無恙，只是塵霜已露—

徵得守衛同意，我們進了大樓。大門有些狹窄，上樓的階梯卻十分寬敞，黑色鍛鐵的雕花欄杆靜靜穿透流年，只留下歲月雋刻過的美麗花紋。永光法師帶著我們慢慢往上走去。腳步，當然沒有了二十五年前的輕快，卻有一種事過境遷的坦然和從容。我們沉默著一步步走向一九二二年。通過五樓幽靜甬道，歷歷往事就在咫尺，永光法師不自覺地加快腳步——轉角，盡頭「到了！」他說。

屋子鐵門緊閉，隔著門上空格往裡遙望往昔：香煙氤氳處是菩薩的慈悲容顏，小小廳堂裡有梵唄的音聲悠揚，永光法師正坐在紙箱上和信徒說佛法……此番我們前來，話音已落，場景不再。

一道鐵門啊！隔開兩個年代——

一個舞台、兩個世界——悉達多和耶輸陀羅在舞台兩邊，兩個痛苦的人各自傾訴著內心的渴求。耶輸陀羅但願太子回來，悉達多只想找到生命解脫的答案。

兩人的心中，都是為了愛。

耶輸陀羅：

我要等多久

你何時能回家

我的心何時能平靜

悉達多：
若我再多努力
我確定能找到答案
我的心何時能平靜

駿睿（Junrey）：「《悉達多音樂劇》的作用不只是吟唱，還要身體力行；它也不只是宗教，而是告訴人們，同理心才是佛法的核心。尤其是『三好』的推廣，我擔任三好大使到各處去教導三好的重要，『三好』的精神可以幫助貧窮的菲律賓，就像叩鐘一樣，只要一撞擊就可得到回響，進而成為普世價值。」

JJ（飾耶輸陀羅）：「我最大的改變是內在，變得更有同情心了，也能以開放的心胸尊重不同信仰，並將這個改變用在以後的婚姻裡。」

Act 5

Scene 2

公寓裡的誦經聲

阿蘭計市場的小公寓還有許多有待克服的困境，但永光法師謹記著星雲大師說的話：「認真誦經」，他每天認真誦經回向給市場內的雞鴨魚蝦，祈願它們都能解脫輪迴、離苦得樂。一天二十四小時香爐的香沒有中斷，希望用佛法的力量改變市場的磁場。屋裡一天固定停電八小時，沒有電的時候永光法師就把小桌凳搬到門外走道，靠著公共區域的燈光書寫。

弘法度眾的方法是永光法師的莊嚴儀表：「我穿著僧衣在市場行走，見了人就微笑，遇到有善根、也對我微笑的，我就上前與他結緣，告訴他我就住在這裡的五樓！」

永光法師來到阿蘭計的第二年，永昭法師也來了！來的那天正下著大雨，緊接著就停電了，兩位法師點著蠟燭吃泡麵。永昭法師還笑稱：來菲律賓第一天的遭遇，正好代表將來在這裡弘法的境況。

來菲律賓前，大師告訴永昭法師要「平常心」、「懂多少，就講多少」、「誠懇，最重要」大師的教導是內心安定的力量，永昭法師於是憑此在這塊土地上揮灑熱情和熱力，在弘法建寺的漫漫長路中，成了「從來不覺得苦」的「Super Master」！兩位法師攜手在馬尼拉阿蘭計市場以佛法與人結緣，在天主教堂和十字架的上空傳揚「如是我聞……」的祥和法音。

晨起的誦經聲有諸佛菩薩的慈悲心情，小公寓二十四小時不中斷的香果然度來了求法的人們，因為聞到香的味道循跡而來，才知道原來小市場上面有一方清淨國土。阿蘭計市場的梵唄聲是悠揚傳誦的「弘法者之歌」，「爐香乍熱」的氤氳悠然中有星雲大師對菲律賓的關愛，不到一年，阿蘭計的禪淨中心已不敷使用了……

Act 5

Scene 3

苦行林的修行者

黝暗的樹林裡，悉達多獨自用功修行，正受著嚴苛的考驗，只見形容瘦削的他時而倒立、時而將身體扭曲，角落的燈光照在他痛苦的臉上，台上的悉達多看起來疲憊又孤單，但他身上散發的氣息卻是堅定而勇敢。

台前燈光穿過舞台側邊布幕，將燈光切割成一塊塊美麗的光影，「佛陀」一動也不動站在光影中，光暈投射下來，將他的身軀周圍鑲成金色光圈，身影被斜斜的拉到昏暗的後台。後台黑暗處，我悄悄看著「佛陀」，一時不知真假、如夢似幻。

五位大臣四處尋覓悉達多的蹤影，他們慌張忙亂、心急如焚——佛陀微笑著。

終於找到太子了，五位大臣苦苦哀求悉達多回到迦毗羅衛國——佛陀只是微笑著。

太子邀五大臣與他一同修行、走向解脫之路——佛陀還是微笑。

悉達多：

我和你們一樣勇敢

你們若願意 可以跟隨我

跟隨你的心

你就會知道

悉達多邀五位大臣一起留下修行，五位大臣又驚又喜。

跋提（五比丘之一）：

我常覺得我微不足道

每個認識我的人　都看到我的不足

就在現在　你告訴我

我可以成為有用的人

我無法相信

我應該在作夢

一心只想將太子帶回皇宮的五位大臣，因為驟來的福分感動得哭了，他們歡天喜地跳舞唱歌——佛陀微笑著。

Michael（分飾大臣、五比丘）：「從大臣到比丘是個寧靜到開悟的過程，演悉達多傳最感動的是，佛的教義可以運用在生活中。從劇中也體會到世事無常、一切總會改變的，只要有平靜的心，就容易接受挑戰、面對方向。」

Dave和Joer（分飾大臣、五比丘）：「因為是一起上場，私底下感情也很好，做什麼事情都在一起，五個人甚至穿同一件衣服。我們在舞台上的動作是可以自由發揮的，無論扮大臣或比丘都能輕易轉換。」

這五個比丘感情太好了！連回答問題都輪流來、還互相補充說明。他們在台上從大臣到成為五比丘，生動逗趣的演出非常吸引人，誇張的表情和別具一格的舞蹈動作看得出平時的默契和感情。因為演戲而結識並成了好友，也算是一輩子的回憶與珍貴福分了。

悉達多與五比丘精進修行——佛陀微笑看著他們。

在一旁的我忽然感到安心了——原來啊！所有的一切佛都看在眼裡，原來只要堅持、只要相信，總有一天、總有一天！我們終將通過無明黑暗，安度光明解脫的彼岸！

摩訶男（五比丘之一）：
哦　人生何其美好
人生何其光明
當你和我在一起
因為當我在你身邊
我才真正覺得自在……

Act 5

Scene 4

你們是「少林寺」來的嗎？

阿蘭計的禪淨中心已經容納不下聞法若渴的信眾了，應該有個更妥善的地方，好叫疑惑的人、失落的人，以及孤獨寂寞、空虛不安或來求法、布施、奉獻的人，都能在這裡安身且立命！

一九九三年，慈莊法師專程來菲律賓，幾經周折後購進原蘇聯大使館舊址三棟舊大樓，更名為「馬尼拉佛光山」。馬尼拉弘法有了新的據點，同時也展開漫長的建設之路。

當時的蘇聯大使館已經空置六年了，大樓裡面幾年沒有人進出，裡頭還住著流浪漢。由於長久未清理垃圾已堆積如山，甚至會突然從暗處竄出形體比貓還大的老鼠來。地窖的髒亂情況更是無法想像。看到大樓和地窖的狀況，信徒平時一個人根本不敢進去。買下大樓的第三天老舊不堪的大使館尚未清理，兩位法師就來了。房裡安放兩張單人床，床邊是堆滿了的紙箱，就這樣因陋就簡地住了下來。第一夜睡下後原以為就此平安無事，誰知隔天早上醒來——身上蓋著的白色被單上爬滿了全是從地窖爬出來的黑色蟲子……

排山倒海而來的困難才要開始……

由於三棟房子都破舊不堪，起初連水電的使用都成問題，除了一點一點自己清除垃圾、整理環境之外，為了節省經費，兩位法師白天就到市場或各地去評估最便宜的材料，到中國城馬桶店比價錢，去對面飯店量馬桶的標準尺寸，回來再仔細比價、評估。「王彬那條街從街頭走到街尾，只為了比較最划算的價錢」永昭法師回憶道。

整理房子時廁所還不能使用，兩位法師還得到對面飯店借用，白天忙著監工之外，晚上工人下班後，兩位法師眼看工人做事效率太差，便聯手將白天沒做完的工作接著完成，甚至塗的油漆顏色還是自己調配。他們整晚忙著敲水管、敲磁磚，忙碌到幾乎沒有休息與睡眠的時間。「你們是『少林寺』來的嗎？我們一個禮拜做不完的工作，你們一個晚上就做好了？」隔天建築工人看到已經敲好的磁磚，簡直不敢相信地喊著。

寂靜夜晚的「叩！叩！」聲，如同白日裡佛前的莊嚴梵唄，甚至更打動人心。

這樣的努力自然是沒有人看到的，但永光法師只有一個信念：「為了佛教」。

三大棟的老舊樓房，要靠著兩位法師的雙手拚搏，愚公移山的艱困過程何止是體力的負荷？精神、心力的透支更是旁人無法想像，但是秉持著最初的信念，無論如何「少林法師」還是撐過來了。

第一棟大樓的整理工程還在牛步進行、完成日遙遙無期。這一天，坐在階梯上休息、吃便當，偶然間望向另外兩棟尚待整修的破舊大樓，大樓龐大頹敗的身影像兩座大山、突然欺到了眼前，極度疲累的身心忽然無法負荷高樓壓下的重擔，永光法師終於掉下了眼淚……

悉達多在苦行林因過度勞累而昏倒了，牧羊女趕忙過來餵予乳糜。五比丘看見悉達多接受供養，誤會太子背棄自己的誓言，因而悲憤離開他們所尊敬的太子。

佛在一旁看著——佛陀還是微笑。

五比丘已離他而去，悉達多吃過乳糜恢復精神，他在河邊沐浴淨身。此刻的悉達多心中無比清明：苦行的過程是必要，但不苦不樂的中道更加重要，他知道他必須再向前走去。

悉達多轉身渡過尼連禪河——他不願回頭。

「悉達多重新出發了！」佛陀一旁靜靜看著，身上金色光環更加明亮燦然。

從宿霧慈恩寺，到馬尼拉中國城阿蘭計市場，到日落大道上的蘇聯大使館舊址，人間行者每一個轉身，都為菲律賓人間佛教譜下新的樂章。

一個人、一念悲願，一雙鞋、一襲長衫。走在人間「苦行林」——不能回頭。因緣牽動著因緣，共鳴連結著共鳴：當下每一念，都足以形成一個浩瀚的宇宙——只要我們對這投身的世間報以深切的愛！

若人看見、若人沒有看見——初心如此、行止如是。

若說出來、若藏在心中——人不知曉、佛都知道。

三棟破舊不堪的大樓，逐漸恢復生機，菩薩到了，佛——來了！

尼連禪河河床乾燥平坦，無限開闊，悉達多走過河面、腳步沉穩——雨季終於過了……

Act 6

超越

「我不會停止、我不會停止，在覺悟前，我不會停止！」

牧羊女難陀波羅發現河邊氣息微弱的悉達多太子，適時供養太子一碗乳糜。悉達多恢復了元氣……他走過乾涸的河床，穿越尼連禪河，走向菩提伽耶正覺山找尋那棵菩提樹。

菩提伽耶這棵菩提樹啊！是過去多少修道者在這裡修行、證道的地方。悉達多對著菩提樹下金剛座發出誓言：若不證得解脫輪迴的方法，絕不從此座起！

也許——以苦行折磨身軀並不能讓心靈得到真正解脫。

也許——忘卻肉體、不執著苦與樂，才能超越生死大海。

六年的廢寢忘食、嚴酷苦行，日食一麻一麥以致顴骨高聳、形銷骨立。悉達多的意志如金剛一般堅定。然而縱使如此，他仍然不能超越生死大海。悉達多思索著：為什麼他的疑惑與不安依然頑強存在？為什麼他內心的煩惱如同身上累積的塵垢，還是未能去除？

悉達多走下尼連禪河，讓長年清淨的流水，洗去身上的汗垢，他卻因形體羸弱昏倒在河邊。

悉達多：

皇宮所有的榮華

苦行所有的痛苦

不能達到覺悟

牧羊女難陀波羅發現河邊氣息微弱的悉達多太子，適時供養太子一碗乳糜。悉達多恢復了元氣……他走過乾涸的河床，穿越尼連禪河，走向菩提伽耶正覺山找尋那棵菩提樹。

Act 6
Scene 1

往更長遠的路走去

眼前的蘇聯使館舊大樓，還有一段更長、更遠的路……

縱然百廢待舉，但星雲大師說：「為道場留下功德」、「為未來留下信心」，是的！一鋤頭、一掃把，無非本分事；一撮土、一棟樓，莫非是祖師西來意？

菲律賓協會前會長李雄才與同修謝靚媛說：「永光法師做事謹慎，為了省錢，什麼都自己來！」而永光法師說：「永昭法師是個很有能力的人！」從阿蘭計市場到蘇聯大使館，兩位法師聯手投入舊大樓的整頓工程。人人都稱讚永昭法師做事有方法、效率高，他別具一格的做事方式常叫所有人歎為觀止，永光法師說繁重瑣碎的搬運過程到永昭法師手裡卻變成了神奇的魔術：

為了省去上下搬運的多重程序，永昭法師直接在兩棟大樓之間牆面開一個大洞，所有搬運的東西都從洞口移送，如此一來即可免掉大部分的人力、物力和時間，「什麼難事只要遇上永昭法師就一定能解決……」，永光法師說起胼手胝足的奮鬥歲月仍然不勝感嘆！

舊大樓終於整頓好了！「馬尼拉佛光山」張開雙臂接引來自各方的信眾，它將擔負起弘法利生的重任，讓大家有個學習充電和行持修福的地方了！老屋從此有了新的使命，各項活動也為這處「新」的弘法據點注入了活力。兩位法師彷彿「十項全能」，信徒如是形容……法會時執法器、唱誦，法會結束，一位法師負責開示，另一位換上圍裙下廚去，開示結束信徒就該用餐了。

悉達多：

我會找到另一個方法

一條由痛苦通向解脫之路
為了我和所有的人們
我不會停止　我不會停止
在覺悟前　我不會停止

Act 6
Scene 2

「答案」就在自己心中

飾演悉達多的駿睿（Junrey）是一位護理師，他說：「平日在醫院工作接觸的是病苦、出生與死亡，看見這些痛苦的人內心也感到悲傷，因而能深刻感受太子的心情。」

回頭，看見佛陀從我後面走來，我轉身，向佛合掌。

佛陀又從我面前走過，我向佛合掌。

舞台總監走過去，向佛合掌。

工作人員走過來，向佛合掌。

佛始終微笑著。

菩提樹下，悉達多一心正念，把自己坐成一座寂靜的山。

想起當初在城外，為了所見的死亡景象時心中的傷痛，也想起那位不一樣的人。

悉達多：

車匿　他是誰

為何他看來很不一樣

車匿：

我的主人　那是位出家人

他們剃髮以求覺悟

尋找生命的意義……

悉達多：

那我要問他一個問題……

他應該知道答案

長久的追尋啊！我的答案在哪裡？悉達多回頭看到疑惑的自己：「車匿！這是什麼景象？」「請原諒我的無知，他為什麼會這樣？」他看到皇宮裡國王和耶輸陀羅傷心哭泣，看到自己在幽深苦行林裡痛苦的自我鞭策，也看到伴他度過漫漫長路的尼連禪河——河水依舊清澈、泥沙依舊細白柔軟。此刻他的心像一面明鏡——他知道「答案」就在自己心中——

佛陀由後台走到舞台側面，站定、不動，靜靜看著菩提樹下的悉達多……

太子已遠離昔日榮華，如今他是一位修行人——台上是端身正坐的悉達多。後台也安靜下來，所有的人都放輕了腳步，悄悄走到舞台邊。時間在過去與未來間靜止。

昏暗的燈光下，佛陀靜默的身影撫平了我莫名的感傷與激動心情。

妙淨法師說：菲律賓人間佛教三十年來秉持大師普門大開的理念，從不問來的人：「你是佛教徒嗎？」

王彬中國城不起眼的街頭轉角有一面牆，牆上鑲著一副大大的十字架，十字架底下是個大香爐，上面插滿已燃盡和正在繚繞的香煙，有人在香爐前雙手舉香抬頭仰望十字架虔誠默禱。人來人往的街頭腳步匆忙，這一處小小的角落居然充滿著安甯溫暖的氣息。聽說這個十字架非常靈驗，來拜拜祈求的人很多，香爐裡插滿的香和灑落周圍的香灰說明著這一切。拿香拜拜與低頭禱告看起來十分協調，十字架和香爐在街角彼此融合共存。如此的開朗良善的宗教情操讓人不由自主微笑起來。

位於中國城街道的「王彬佛光緣」也扮演著這樣的角色：幾位長年奉獻的義工經營的一家小店面就在熱鬧的街邊悄然站立，義工們真心對待著這別具一格的地方，希望擺設的各項物品都能滿足來人的需求，天主教和佛教所需的禮品法器都可在這裡找到，最希望來人在這裡得到更珍貴的東西—佛法！它超越了宗教藩籬在第一線扮起引渡人的角色—給人歡喜，也給人方便！

從宿霧慈恩寺到馬尼拉萬年寺、從法師和信徒，無論任何時刻、任何場合，菲律賓佛光人一直是熱情、善良、真誠且無私。如同菲律賓親切溫柔的天空和質樸謙遜的笑容，人間佛教的善美精神在此地也有了最好的詮釋。

少了白日的塵囂，入夜的宿霧街頭添了些靜謐氛圍，慈恩寺山門逕自守候在夜晚的街邊，高掛的燈籠有美麗的光暈，輕曳的光影將紅色大門映照得更溫暖。黯黑寬闊的夜空環抱著安眠中的慈恩寺，夜幕下，花樹庭園靜靜守護著大殿，亮白燈光從大殿往外透出，彷彿是佛的慈愛光輝。

望著台前光亮處的悉達多，望著在黑暗中的佛陀背影，我心中有些激動：

「悉達多加油！佛陀在暗中幫著您呢！」

Act 6

Scene 3

孤單中超越自己

魔王卻憤怒了！光明的訊息在前方傳來，魔王心中萬分恐懼，他不容許他的邪惡勢力被削去、他害怕他惡念所執取的世界被摧毀，他要捍衛、他要抵抗，絕不能讓悉達多發現解脫的真相。

飾演魔王的范世（Francis）說：「扮演魔王需要強烈的情緒，下台後必須轉換和抽離，這種情緒的改變其實是很困難的！」來自天主教家庭的他，開始演戲時曾經很猶豫，尤其是演魔王很辛苦，必須憤怒、咆哮，情緒很強烈。「一般人也有邪惡的一面，如果能學習太子控制自己、改善不正確的生活，讓人了解中道，這應該是魔王最大的啟示」，他認為這是有正面意義的。

魔王和魔女憤怒地試圖打擊金剛座上的悉達多。魔女們竭盡所能誘惑擾亂著太子；魔王翻滾躍騰、發出可怕的咆哮怒吼，悉達多努力專注在正念裡，他雖然孤單但無比堅決，此刻他正面臨最大的挑戰。

原來，在最艱難的時刻，自己依然孤單——在孤單中，奮勇超越自己

范世（Francis）分飾「魔王」、「阿斯陀仙人」、「車匿」三個角色，他的眼神裡有某種強烈的渴求，像是對自己或未來的茫然，雖然無法確切了解自己要的是什麼？但他正在努力尋求方向，因此他的內心也在阿斯陀的悲傷、魔王的惶恐憤怒和車匿的仰慕與失落中反覆翻攪，相較於其他人為劇中的角色而感動，很顯然他的眼淚是為自己而流：「魔王也讓我看到自己內心醜陋的一面，也希望藉此幫助別人看到他們自己！」說到這裡，他眼裡出現光采！

雖然一切都是緣起與無常，雖然佛陀轉身是為了證道成佛，然而佛離去的身影，還是令人無法忘懷。

佛的背影在昏暗的燈光下逐漸隱沒，一旁的我有些失落與茫然。漫漫人間路，四顧茫然，原來啊！所能倚靠的，惟有自己——以及內心永不退失的堅持。

海外弘法的艱辛無法以言語概述，待處裡的事情千頭萬緒：要面對的困難紛至沓來，平時做事「一人做事一人當」、要身兼數職、內外「兼修」、要挽起袖子整理龐大面積的陳年汙垢、要帶領工人進行舊樓重建並事必躬親、要充當庭園和室內設計兼精打細算的採辦、要負起所有人心靈和生活領航的責任、要對外交涉一切機關團體等重要事務……要教導學子、要提攜後進、要注入活力並身先士卒。

永光法師一開始即對覺林法師說：「你要跟著我，就不要怕吃苦！」無論多麼忙碌多麼疲憊，覺林法師果真永遠一馬當先、大步向前。

永昭法師問大師：如何做好弘法利生的工作？大師告訴他：「別人拿筆頭，你拿鋤頭，一樣可以證道。」是指引，是肯定，更是一種祝福。帶著大師的慈悲叮囑，永昭法師便足以勇往直前，直到二〇〇三年永光法師離開菲律賓必須由他接任總住持時，他依然「不知道怕！」「因為有佛光山和師父的庇蔭」，「佛光會的護法信徒們也是相當大的助緣」，說起在菲律賓的弘法因緣，永昭法師說十分感恩所有參與其中的人，尤其是菲律賓華人信徒對人間佛教本土化的貢獻，更是「功不可沒！」

在菲律賓所創造的一切美好，是發願護持、用心用力的法師和信徒們的無上功德！

二〇〇九年永昭法師在菲律賓弘法建寺的階段性任務完成，在菲律賓十六年，和永光法師攜手度過最艱苦的時光，說起在菲律賓的因緣，永昭法師說「感謝大師和大眾成就，很歡喜參與菲律賓的因緣」。

只是——篳路藍縷的艱辛如何言說？曾經的挑戰靠什麼去超越？心中謙和的人，前路沒有高峰；「平常心」面對萬事，就是最大的超越。

為了演好悉達多，駿睿（Junrey）開始吃素：「我體會到人生如夢，如真似假，並且時時充滿誘惑！」「太子看見了老病死苦而出家最打動我。表演者要有自己的體會，遭魔難時心靈與虛幻合而為一。但這需要時間的培養，我透過打坐、沉澱才能更專注運用在舞台上。」

魔王狂亂的怒吼，用盡最後的力量。

悉達多在菩提樹下，萬念俱泯，世界一片空寂。

魔王射出的毒箭紛紛墜落，邪惡臭穢的猛蛇毒氣化作陣陣清涼，雪雹雷電不停變幻、空中布滿五色祥雲。

虛空有聲、震動三千：

「**大地為我見證！**The earth is my witness.」

悉達多太子在大地的見證下降服魔軍，虛空粉碎，成最正覺。

台上金光晃耀大地歡唱，佛成道了！黮暗如永夜的娑婆世間終於有了光明

——

悉達多太子如今是釋迦牟尼佛，他超越了自我、超越了生命、超越了——

曠世塵劫。

Act 7

歸城

「敬愛的國王，我不只是你的兒子，我也是一個覺悟者。」

十五年前的深夜，為了尋找解脫輪迴的真相，悉達多毅然拋下一切出城遠走，如今祂是人天的導師、眾生的慈父。迦毗羅衛國開啟城門，準備迎接釋迦牟尼佛歸城。

天上人間，都尊稱祂為「釋迦牟尼佛」！

「如來出現世間！」、「如來出現世間！」虛空中傳來喜悅的樂音、音聲連綿不絕於耳；百寶光明從地湧現、山河大地相互輝耀。

釋迦牟尼佛從金剛座上起身。

佛陀：

奇哉　奇哉

大地眾生

皆有如來智慧德相

只因妄想執著

不能證得

當他們勘破迷悟

即可明白世間真理

Act 7

Scene 1

心中的光明

星雲大師說：「宗教是一種文化，是歷久的、無形的，慢慢影響的。」在人間成佛，是佛陀給有情眾生最大的祝福；在菲律賓弘傳人間佛教，則是大師給菲律賓的殷切期許：「菲律賓人有宗教性格，佛教是菲律賓未來的希望、未來的光明。」

心中的光明，來自日久的薰習還有每一刻的歡喜。

二〇〇八年佛光大學佛教研究所碩士班由妙光法師帶領的，包括妙淨法師在內的五人佈教團，到菲律賓展開四個島嶼七個場次的英文佛學巡迴講座，在菲律賓引起各級中學、大學的熱烈回響。

值此難得因緣，永昭法師特別安排佛傳演員們與「五人佈教團」進行座談，「希望他們多了解法義，更進一步認識佛陀」除了時常藉著由陳明珠等信徒的心靈談話加強演員對佛陀教法的相應之外，這又是一次更開闊、更深入的接觸。將信仰融入生活，將慈悲滲入生命，演員所演示的不僅是戲劇，而是將砥礪、淬鍊出的善與美，透過舞台與更多人分享。

本傑銘（Benjie，飾佛陀）的表情和語氣誠懇、沉穩、眼神溫柔、內斂：「我是天主教徒，演出悉達多劇是很自然的，沒有什麼阻礙。每次扮演佛陀後都充滿感恩與快樂、心中也感到平靜，尤其是藉由佛劇給人佛法大義，是非常值得的！」說著說著他落了淚。

他的話不多、言語舉止也很和緩。佛法的力量，讓一個原本不識佛法的年輕人從「心」改變了。永光法師說：「Benjie 演了十年的佛陀，氣質和內心都有了極大的轉變，在劇團裡他扮演的也是鼓勵、照顧團員的角色。」

緣起緣滅、聚散離合是世間真相，但凡夫眾生知易行難呀！跟隨大師走在人間佛教的菩提道上、在心上扎穩根基，就不會因為任何改變而執著、而疑惑失落。這樣慈悲的引導自然會凝聚成一股穩固強大的力量，在每個艱難的渡口攜手同行、安渡彼岸！

Act 7
Scene 2

長久不滅的法光

釋迦牟尼佛步下金剛座走向五百里外的「鹿野苑」，佛要去向最初的弟子「五比丘」宣說第一次的教法——

佛陀：
這六年來
我一直等待這一天
現在　這一刻終於到來
我是佛陀

苦行林中背棄太子的五位大臣已現出家相，工作人員細心幫他們拭去臉上的汗水，也抹去過往的無明與執著，台上激動憤怒的五人，此刻正莊嚴沉靜地等待著。他們已褪下舊時衣，剃去娘生髮，黃色袈裟偏袒右肩——他們要去見佛陀。他們即將聽到的，是佛第一次對人間宣說的真理——

佛陀：

這個世界充滿苦難
苦難永遠存在
我們無法逃避
依八正道而行　可以免除苦難
正見　正思維
正語　正業
正命　正精進

正念　正定
這是八正道
惟有修學八正道
才能得到解脫

這是佛陀對世人的慈悲宣示，也是無盡暗夜一盞長久不滅的光。

馬尼拉禪淨中心設備簡陋但大家熱情不減。馬尼拉常常停電，道場沒有能力自備發電機，停電時就點上蠟燭繼續誦經，天氣悶熱就乾脆移到大門口就著小椅子持誦，法會期間曾逢颱風天而回不了家，大家索性在附近找家旅館過夜，隔天早上再回道場參加法會。

「陳珍珍和吳道岳夫婦簡直是二十四小時以寺為家的！」永昭法師說起菲律賓的華人信徒總是讚歎不已：積極參與建寺的陳永年、蘇毓敏夫婦，也具有如此的熱忱，黃禎潭、王素蘋夫婦也廣邀企業界朋友到道場歡喜聞法。陳明珠、王麗娜更是長期的義工菩薩，菲律賓佛光山的每一個階段，都有華人信徒的真誠投注，「菲律賓協會」所屬的十幾個分會，在戴育仁、楊麗瓊等前後任協會長的領導下護持法師在建寺、度眾、弘法、救災的菩提道上居功厥偉。幾十年不分彼此、同甘共苦！

狹窄老舊的樓梯輾轉而上，三樓是一間小小的、溫馨極了的佛堂，人在門口就能感受裡面傳來的溫暖氛圍，走近典雅的鑲貝佛桌望著面前三尊佛像，不知為何全身微震顫、心中激動，啊！原來是一九九二年「帶領」永光法師來馬尼拉的三尊佛像！此番終於得見——看著佛的面容依然安寧如昔教人不由地感動了！一樓店面擺著大玻璃櫥窗、裡面加上一個桌子後，剩餘的空間僅僅供幾個人瀏覽店內物品，但櫥窗裡和四面牆上擺設的莊嚴精美佛教文物卻令人驚豔，一進門感受到的是厚實和沉穩。這裡是佛光山在菲律賓首都弘法的的第一線——位於王彬中國城的佛光山「王彬佛光緣」。

看起來不起眼的一家店，卻蘊藏著強大的能量，工作人員都是義務護持十年甚至二十年以上的義工菩薩，自年輕到現在，這裡已經成了她們生命裡的另一個世界。為了充實店裡內容並透過販售方式服務大眾廣結佛緣，法師們也會從台灣或各處帶來文物禮品。逐漸地，「王彬佛光緣」不只是華人據點而是所有信仰的中心點了。虔誠的菲律賓人每逢耶誕或其他節日，需要天主教法器或為親友選購禮品時也會來此尋寶。此外共修、素食品嘗等「萬年寺」的法訊活動也透過這裡廣宣流布。這個隱身於市街的小地方是超越宗教的基地台，日夜不斷向四方發射光和熱。二十五年來，「王彬佛光緣」裡有著許多人的流金歲月與美好記憶。

患難之中建立起來的情誼，都成了永遠的美好回憶。

在馬尼拉佛光山聆聽法音，每一天每一時刻，都感受吉祥歡喜。

舞台上，阿難陀歡喜地唱著：

吉日

吉時

此時覺悟的時刻

庇佑聽到這聲音的人

十五年前的誓言在空中迴盪：「車匿！找到答案，我就回來！」

十五年前的那一個深夜，為了尋找解脫輪迴的真相，悉達多毅然拋下一切出城遠走，如今祂是人天的導師、眾生的慈父。迦毗羅衛國開啟城門，準備迎接釋迦牟尼佛歸城。

阿難陀：

於是城門大開
為一個正回家的兒子
消息傳遍迦毗羅衛國
每個人趕去歡迎他的歸來

國王心情糾結著——他的兒子就要回來了，十幾年來的傷心失落啊！如今悉達多太子終於去而復返！但為什麼，他的心如此不安？

Act 7
Scene 3

佛光普照三千界

佛傳有一場是在怡朗島（Iloilo）演出，因為經費拮据，參與演出的演員、工作人員連同法師幾十人只能搭船前往。幾十名團員們一起待在船艙裡，覺林法師確定船艙有冷氣設備並關照過大家所需後，就到單獨的空間去了。他知道這一趟長達二十四小時的海上旅程，對所有人來說是極大的挑戰。但沒想到船上居然停電，演員們幾乎都暈船並且頭痛了！但是演員們仍然堅守規矩乖乖待在悶熱的船艙裡沒有人離開房間，因為：「師父說不可以任意走動……」

心疼地照料著團員的覺林法師，也沒料到上岸後還有更大的難關……

也許，一念清靜平等的心，就足以面對一切苦厄吧！

佛陀的僧團回到迦毗羅衛國受到熱情的迎接，城裡城外洋溢著歡欣的氣息。

全體：

哦　佛陀　偉大的佛陀

我們永遠讚頌的名字是佛陀！

舍奇（Cerj，飾淨飯王）：「淨飯王的角色讓我感觸非常多，他從擁有到失去——失去太太、失去兒子，多年後失而復得卻是另一形式的失去，但這就像生與死一樣，是無法避免、且必須接受的。」

淨飯王：

我的兒子……

離家十五年的孩子！我的孩子！國王的淚光中滿是慈愛

佛陀：

原諒我

我已不是以前的我

父親！我永遠的慈父！佛陀臉上有慈悲與不忍

淨飯王：

但你是悉達多……

你是我的兒子

我獨一無二的……

國王伸出手來，他多麼渴望握住佛陀——他久違了的、日思夜想的孩子，台上有慈和的光芒和氛圍，我心裡和淨飯王一樣激動：「我看到你的改變，但是在我心裡你是我的惟一」。

「哦——悉達多你忘了我嗎？」

佛陀：

敬愛的國王

我不只是你的兒子

我也是一個覺悟者

國王用一個父親的深情望著佛陀：「但是，你是悉達多，你是我的兒子，我惟一的獨生子。」

「我不但是你的兒子，而且還是覺悟者！昔日的悉達多，只能存在你的記憶中！」

他的獨生子啊！已是大徹大悟的覺者——釋迦牟尼佛！
從深夜出城的太子到釋迦牟尼佛——但你是悉達多！你是我的孩子啊！
國王眼中欣喜的光芒，因失落而黯然了……
父親的心迷惘執著未能參透——
昔日分離，是曾經以為的緣滅；此時重聚，是走向解脫的緣起。

怡朗島曠達宜人，和風中、雲天下，連房屋建築都格外美麗，島上居民步調緩慢日子過得悠閒，這是個適宜放鬆度日的地方。表演場地是一所學校的禮堂，位於怡朗市一條不甚熱鬧的街邊，由於原先商借的大禮堂毀約，臨時改來此地。決定得倉促，各樣設備都不符合演出需求，覺林法師急著處裡道具、燈光、音響等問題，這時團員卻主動要求法師誦《心經》，並且請法師灑淨。對於天主教徒的主動要求，覺林法師雖感疑惑仍盡力協助，便請當地人引領前往禮堂地下室「灑淨」。

覺林法師帶大家稱誦「南無觀世音菩薩」聖號……

學校職員帶領覺林法師往下走，悄然無息的地下室一片昏暗，只見一個個凸起的四方土框中間各有一塊凸起的土堆，覺林法師往下灑淨的地方都冒起黑煙，想著：「這地方『灰塵』真多……」專心念佛的他沒留意到：禮堂地下室一片漆黑，前方卻有一盞燈指引著方向，灑淨時間長達二十幾分鐘，淨瓶的水沒有添加卻未見減少。

下午第一場順利演出。演完後團員們人人面帶笑容開心極了：「今天好多人來看，連走道都坐滿了人！」覺林法師和導演面面相覷，因為在台下的他們看見當時現場觀眾只有四成……

佛陀：
打開你的心房　敬愛的國王
睜開你的雙眼
停止痛苦的方法是放下
放下欲望
自在 放下

後來才知，多位團員來到學校時紛紛感覺身體不適，他們先用天主教的方式祈禱都無法化解，最後只好請求法師誦經、灑淨。

原來這學校大禮堂在二戰期間是關著戰俘的監獄，那一窟一窟的凸起物都是原來的墓地。表演時，在台上演出的團員們看到許多身著軍服的將軍來看戲。料想應是當時被囚禁、亡故在此的日軍戰俘吧？

被囚禁的心是否自由了？無始來的情感執著，有沒有輕輕放下？

Act 7
Scene 4

佛光照亮回家路

佛陀：
沒有一件事是永恆的
活在當下
放下過去
皈依佛法
聽聽您的心
您會找到答案

由於下午第一場演出獲得好評，當晚第二場演出果然來了很多人。事後禮堂管理者表示，禮堂成立至今，從沒有一場表演是完整演出的，來此表演的團體不是演員身體不適，就是演到一半舞台坍塌，只有「佛陀傳」能圓滿全程演出。事後法師還收到來自學校負責人的感謝函，表示從此之後禮堂終於獲得平靜。

佛法的力量跨越時空，因緣的牽引讓《悉達多音樂劇》遠從宿霧渡水而來。原來，這一趟二十四小時的辛苦船程；原來，早已商定的場地忽然臨時毀約，都是為了來到這個小禮堂，並促成這一場的演出。這是一個多麼莊嚴的會面——相約共同觀賞佛陀的故事，並在佛的慈光中從長久的禁錮得到解脫！

佛陀：

放下過去

活在當下

佛光普照，三千大千；今日相聚，一期一會。佛陀的聲聲付囑，也是我們來世相遇時的殷殷問候：「是否，您已找到回家的路？」

祝福——

被黑暗幽禁的心 在無邊的光明裡得到釋放

徬徨孤單的旅人啊—— 找到心中的歸城

Act 7
Scene 5

我永遠支持你

回城的佛陀和阿難陀見面了——

佛陀：
阿難陀　你沒變
你還是老樣子

阿難陀：
你也是

啊，多溫暖的對話！佛陀在人間，祂已超越世間情愛，並教導我們用智慧解開無明。離家多年的悉達多太子，帶回生命中珍貴的答案——然而佛陀的心依舊、如同那最初的溫暖。

成就正覺的聖者，愛一切眾生、也愛祂的家人。耶輸陀羅終於和佛陀相見——

耶輸陀羅：

他曾名叫悉達多
但現在已是佛陀
我一開始就知道
他注定要做更偉大的事
若我沒有留他在我身邊
我應該放下悉達多
向佛陀的光芒禮拜

耶輸陀羅終於和佛陀見面了！這是最困難也是最感人的一刻。這位偉大的女性，她為所有困於情執的女性樹立了可貴的典範，她終生精進修持、持戒清淨，成就無上戒行功德。所有人無不讚佩她的果決與堅貞！望著舞台上的耶輸陀羅，我心中響起〈戒定真香〉讚裡對她的讚頌：「昔日耶輸，免難消災障……」

佛陀：

耶輸陀羅……是妳

對不起　如果

我傷了你的心……

佛說：「對不起！如果我傷了你的心」，耶輸陀羅內心藏著偉大的愛：「無論你要做什麼，我永遠支持你！」從凡夫到聖者，「愛」的提升竟是必經之路。而悉達多離家時剛出生的羅睺羅——佛陀的孩子，如今已長大成為少年了——

佛陀：
羅睺羅……羅睺羅！

羅睺羅：
偉大的佛陀
我的父親

佛陀：
我的兒子……

在佛陀心中，羅睺羅代表著每一個孩子。

觀眾席上，三位結伴來的中學生模樣的女孩子，隨著劇情發展情緒反應十分強烈，三個人時而哭時而笑，尤其看到羅睺羅與佛陀相見那一幕，三個女孩子一起大哭出聲，直喊著太感人了！問她們知道這個故事嗎？說是第一次觀賞佛傳，也第一次認識佛陀。直到演出結束，女孩們的情緒還停留在感人的劇情裡。看年紀，和羅睺羅差不多大。

在佛陀眼中，每一個孩子都是羅睺羅，都是佛陀的孩子。

Act 8

法雨繽紛

「南無本師釋迦牟尼佛！南無本師釋迦牟尼佛！」

佛陀的歸城，以無價的真理寶藏贈送給大家。此刻，每一個人都感到佛陀降生在迦毗羅衛國是他們的無上光榮！

Act 8

Scene 1

貧民區的「阿彌陀佛！」

「菲律賓的小孩，好可愛喔！」星雲大師慈藹的笑著。

打著赤腳的貧民區小孩，朝法師飛奔而來，腳下就像開著一朵朵初生的新蓮，清新純淨：

阿彌陀佛！阿彌陀佛！

大人小孩們遠遠見了法師就綻開笑容，尤其是小孩子們不管正做什麼事，只要見到法師忙不迭就跑來合掌念著佛號。狹窄的巷弄僅供一人通過，有兩人「狹路」相逢時還得側身相讓，巷弄曲曲折折、兩旁房子非常小，小到窗口擺了販售的雜物後，看「店」的人只能蹲在窗子底下的小空間賣東西；客廳擺了狹小的長椅之後剩餘的空間只夠一人蜷縮地躺著——因為腳伸直了門會打不開。這個小小的區域住了七百戶，每戶人家都住了許多人，一家生了七、八個孩子的家庭很常見的，走進去小小的巷子不留神就會竄出幾個小孩，用他們燦爛的笑容迎著你：「阿彌陀佛！」「阿彌陀佛！」

這裡是馬尼拉萬年寺不遠處的貧民區。法師帶了糖果給孩子們，小孩子們乖乖排隊、合掌等著糖果，嘴上不停地念著：阿彌陀佛！阿彌陀佛！

難怪星雲大師會說：「菲律賓三、四歲的孩子念著阿彌陀佛，真的覺得很可愛！」

貧民區的小孩見了人也不怕生，衝著法師就喊：「阿彌陀佛！」路邊做生意的小販也會向法師投來善意的微笑，覺林法師和他們一個一個親切問候，像是相識多年的熟人。居住空間雖然狹小他們的笑容卻很開闊，「阿彌陀佛！阿彌陀佛！」的問候聲起起彼落，在馬尼拉溫和的陽光下，心也跟著暖和起來，這才想起：我來自台灣、覺林法師來自馬來西亞，而我們在菲律賓的貧民區裡，一起合掌、相互道聲：「阿彌陀佛！」

「不分種族顏色，沒有貧富貴賤」，眼前念著「阿彌陀佛」的菲律賓孩童，在星雲大師心中也都是佛陀的孩子！

也是一樣的清朗天，再度來到貧民區，見到的是一樣的真誠笑顏。

有幾位抱著小孩的年輕媽媽對著永寧法師恭敬招呼，臉上露出開懷的笑容：「阿彌陀佛！」永寧法師說每個週日，貧民區小孩會有一百多人來萬年寺參加「三好班」：「現在都長大當媽媽了！」一群三到六歲的小小孩衝過來團團抱住永寧法師，口裡喊著：「阿彌陀佛！阿彌陀佛！」走進小巷時，有一個小小孩飛快跑過來，一雙烏黑黑的手迅速拉住法師長衫下擺，其他孩子見狀也紛紛來拉衣服，我們本能上前阻止想「保護」法師，「沒關係！沒關係！」永寧法師一臉自在：「他們只是幫我撩起衣角……」原來小巷中地上溼漉漉的，孩子們生怕法師衣服弄髒了，爭相拉著法師長衫前呼後擁並熱情地邀請：「去我們家！去我們家！」

狹窄陰暗的居住空間，旁邊還有一個八級上下、幾乎垂直的木板小樓梯，走上去一個不小心就會被搖晃的樓板絆倒了，原來這是三個夾層的閣樓「上層」還有兩戶。我們行走其間不免覺得侷促，內心也覺得唐突失禮。然而相互照面卻不見他們有任何不滿或怨艾，陽光般的笑容和收拾得整潔的空間同樣令人感到安心，和周圍的和善氣氛與乾淨味道一樣——小小的天井也有清爽的天光。

是他們的笑容，光亮了自己的小小世界。

葛布瑞（Gabriel，飾阿難陀）說：「我跟隨劇團到佛光山，看到大師創辦的大慈育幼院深受感動，有一天我也希望能創辦育幼院，去教導、去照顧那些失去溫暖的孩子。」

Act 8

Scene 2

佛陀說法

星雲大師說馬尼拉是首都，對於推廣人間佛教、讓佛法在菲律賓落實本土化，「馬尼拉」是很重要的據點，在這塊土地的深耕，以佛法給人歡喜、給人希望，也是馬尼拉佛光山的重要使命。

佛陀：

奇哉　奇哉

僧團以佛法為依靠

奇哉

佛陀回國後，所有人都深受啟發，迦毗羅衛國法雨繽紛、人人歡喜。佛陀莊嚴的步伐、慈悲的儀表，使迦毗羅衛國的人民都起了恭敬佩服之心，佛陀說法時，大家都凝神傾聽。佛陀的歸城，以無價的真理寶藏贈送給大家。此刻，每一個人都感到佛陀降生在迦毗羅衛國是他們的無上光榮！

耶輸陀羅：

從此　這是新的開始
祈願偉大慈悲的佛陀
讓我在他膝下
用慈悲灌溉我的信仰
給我力量開始新的人生
讓我注意言行　自利利他
南無本師釋迦牟尼佛

淨飯王看著他的人民接受佛陀的教化，內心既欣慰也感動，想起自己剛見到佛陀時的執著和怨言不禁暗自慚愧，他告訴自己要謹記佛陀的話——

佛陀：

您永遠是我的父親
把我帶來人間
且我永遠感恩您的關愛
但現在　我已成佛
為世間帶來佛法並弘揚
讓每個人從苦難中解脫
包括您

不分貧富貴賤，也不論親疏遠近，在佛法大海中，人人都能得到平等的對待。

Act 8

Scene 3

Wow! Perfect!

對菲律賓，星雲大師賦予佛光人這樣的責任：「多度一些青年人，敦親睦鄰」、「把佛祖給我們的信仰、信心帶回去；佛力加持我們的平安也帶回去；佛祖給我們的歡喜——帶到永久！」

二〇〇九年星雲大師到宿霧慈恩寺親自主持皈依典禮，向在場的華人與菲律賓人說了這樣的囑咐：學習佛陀的智慧，效法佛陀的慈悲，「未來佛教在菲律賓大有希望」這是大師的祝福，也是菲律賓人心中的一道光明。

「我第一次看到大師的相片時心裡就喊著『Wow! Perfect! 我要向他學習！』」

「大師一個人成就了這麼多，我希望有更多的阿難陀出現，一定能成就更多」，葛布瑞（Gabriel）提起剛接到阿難角色時很茫然，當時心中非常希望有佛陀的形象，看到大師照片時頓時覺得大師就像佛陀的化身：「這是一件非常奇特的事情！」

幾百戶人家唯一的公共區域就是那個幾坪見方的戶外天井，這個小小空間旁邊居然有個祈禱室，裡頭供著耶穌聖像、聖像下方有個小小的、擺著聖杯等物品的長檯，有人往生了剛剛好夠把棺木擺放長檯前，人們就在剩餘不多的小空間祈禱。而門外就是大孩子小孩子的活動場所，他們在那兒聊天、玩鬧、發呆，或洗澡，因為一旁就是公共浴室、廁所和水龍頭。「水龍頭區」是媽媽們洗衣服、洗菜的公共區域，也是他們每天洗澡的地方。

永光法師說貧民區的孩子剛來道場時，不是教他們禮佛而是先教他們洗臉、教他們如何打理自身的整潔。

第二次活動時間到時，卻怎麼也等不到孩子來，於是到貧民區去關心。原來小孩子全都集合在天井裡唯一的水龍頭下，他們正排成一列隊伍等媽媽們正為他們集體洗澡，為了節省時間，媽媽們在水龍頭接了長水管，直接幫孩子們沖洗，因為師父說把自己整理乾淨表示禮貌和尊敬：身體洗乾淨了才能去佛堂拜佛呀！

「貧民區的孩子每週日都會來道場上三好班，第一年佛學夏令營來參加的就有五、六十人，長大的孩子在外面遇到法師都會成群過來，紛紛對法師合掌並說聲：『阿彌陀佛！』有法會或是中國年時，貧民區也有人來幫忙指揮交通，有時他們要忙到凌晨二、三點才回家。」

佛陀：

這個世界充滿苦難

苦難永遠存在

我們無法逃避
依八正道而行　可以免除苦難

鐘聲大叩大鳴、音聲傳遍十方，佛的教法是四時的甘露，它總是不分界限、沒有揀擇，荒蕪貧困的地方能得到法雨滋潤；偏遠陌生的邊地也有法音宣流。

從宿霧到馬尼拉，從信徒到佛陀傳的演員們，菲律賓佛光山依循星雲大師的心願，在菲律賓的土地上撒下一片片清涼意；但願人人心中都有一處沃土，日日澆灌、蔚久成林。

「佛教和大師都是講求眾生平等的！」為了種族平等，菲律賓每一處道場都讓菲律賓人一起過堂，齋堂裡隨著大眾念著佛光四句偈，在心田裡種下慈悲喜捨、惜福結緣的種子。但願在他生來世，四句偈是我們用來相認的語言，而手上的蓮花手印，就是我們重逢的印記！

星雲大師說：「唯有付出才能到真正的快樂，我的心裡只有大眾、沒有個人。」

「同體共生、法界一家」舞台上是和諧歡欣的氣氛，所有人都充滿了感恩。

摩訶波闍波提：
祈願偉大慈悲的佛陀
讓我在他膝下
用慈悲灌溉我的信仰
給我力量開始新的人生

四聖諦，八正道，是共同的修行功課，而共成佛道是彼此的誓言與約定。只要佛光普照，遠方就有了光明，因此，永光法師弘法的腳步從未停歇，描戈律圓通寺和怡朗佛光緣也寫滿了駐菲律賓法師們的弘法足跡。

Act 8

Scene 4

微笑的描戈律

到了描戈律（Bacolod）會自然的記起你的笑容，這裡是純樸美麗的地方：市區不但留存著風情獨特的西班牙舊建築，還帶著些優雅又輕快的生活步伐。郊區成片平坦的綠色甘蔗田把人的心事都撫平了。描戈律人也喜歡微笑，每年 Masskara Festival 面具節這一天，人們會用羽毛、珠子和各色顏料融合當地部落人的原始元素製作微笑面具，並帶上它走上街頭載歌載舞，在歡樂聲中給自己、也給別人帶來微笑。因此在描戈律很容易就會瞥見七彩霓虹在前方對你微笑——這個位於菲律賓中部、乾淨而綠化的城市，也被評為最適合居住的地方。

圓通寺是一座三層樓黃琉璃瓦的宮殿建築寺廟，是當地第一座佛教寺院，氣派莊嚴的外觀被視為描戈律地標和佛教聖地，圓通寺早晚梵唄聲也成為純樸小城描戈律的最美音聲。

事情要從一九八七年說起，那年慈嘉法師應描戈律信徒邀請到此地弘法一個月，人間佛教的種子因此而播下，信徒並從中體會聽經聞法的重要。一九八九年永光法師到宿霧慈恩寺後，每當宿霧慈恩寺有法會活動，描戈律的信徒就會相偕到慈恩寺參加法會，那是一段長距離的求法路程，從描戈律到宿霧要搭船、轉車八個小時，信徒還是不辭勞苦兩地奔波。

當時在駐錫在慈恩寺的永光法師，不忍信徒為了求法而長途跋涉，便發心親自往返描戈律暫借信徒家中為當地信眾服務。一個月一次的弘法，一趟來回就要費去二天的時間：早上六點多搭船、再轉車，去到信徒家中已是下午四點鐘了。但信眾因為法師的到來而歡喜無比，來聽經聞法的人也愈來愈多了。

遇上風浪大時，永光法師和永寧法師總是暈船得厲害。由於菲律賓人會把雞鴨呀也帶上船，頭腦昏沉加上雞鴨的味道無法忍受時，就到靠門邊吹吹海風透透氣，風浪一上來怕衣服打溼了又趕忙回到座位上，一趟船坐下來，就在座位與門邊兩處跑，情況十分狼狽。上了岸面對熱情的信徒，兩位法師還是強打精神和信徒說佛法：一人負責說話時，一人先去後面嘔吐，吐完了再上來接著說，讓另一人到後面吐……，「不過後來就很厲害了！坐再遠都沒問題！」談起這一段，永寧法師就像在說一件有趣的事。

「快到了！」覺林法師說得滿臉輕鬆，一旁的我卻只能緊閉雙眼以應付晃動得厲害的船身，「快到描戈律時有兩股海流交會，浪特別大」，覺林法師安慰發生作用，我似乎撐得住了。雖然船持續搖晃了好久才到描戈律，並沒有如覺林法師說的「快到」。不過我也沒精神抗議了，一路上疲憊得只想休息：「上岸可以先別採訪嗎……」而這樣的行程，是法師們經常往返的路線——我才體驗一個多小時，法師們不但往來頻繁並且要坐上一整天……

舟行岸移、浪潮洶湧，但求法者若渴，弘法者的腳步從不忍停。佛曲聲聲中，描戈律也綻放著微笑。

吉娜（Jeanette lavilla，飾摩訶波闍波提）獨自在淨房對著鏡子夾她的后冠，我問她需要我幫忙嗎？她笑著搖頭比畫示意她自己可以做到，我說我就是寫他們故事的人，她開心地笑了，臉上開成一朵美麗的蓮花，她很快上台了。佛陀回國了！她正好迎上前去，背影看來勇敢而果決，因為她的生命即將有了重大的轉變。

耶輸陀羅與摩訶波闍波提：
讓我注意言行
自利利他

南無本師釋迦牟尼佛
南無本師釋迦牟尼佛

事情慢慢有了轉機，描戈律暫時的弘法據點——陳素珍家的客廳已經容納不下來聽法的信眾了，於是大家發心四處辛苦募款，終於募得一塊土地，並將土地獻給佛光山，為籌建屬於大家的道場而努力著。

「我們還特地到台灣請法師來……」描戈律信徒們談起初聞佛法的喜悅和嚮往：「就是希望法師來啊！請不到，回來就哭……」

自從一九九一年九月，宗長心平和尚帶領諸位法師蒞臨描戈律，接受獻地捐贈、啟建圓通寺開始，歷經十多年的辛苦建設；二〇〇四年，描戈律圓通寺終於落成啟用，最歡喜的是渴求佛法的信徒了：「是流汗、流淚求來的呀！」鄭陳素珍（八十歲）、高瓊英（八十五歲）、王瓊蘭（七十六歲），三位描戈律的老信徒說起這一段，每個人眼中噙著淚，卻都笑了。

一樓齋堂彌勒菩薩笑瞇了眼，看著一旁客堂裡幾位老信徒又哭又笑地說著籌錢買地建寺的曲折過程，如何三番兩次突破怯弱遠渡台灣，如何辛苦才找到佛光山，如何一次又一次地不遠千里，只為求來「佛光山的法師」到描戈律弘法。坐在輪椅上的陳素珍憶起往事，在每個人的淚光裡，午後的客堂無限溫馨。

星雲大師說佛教在菲律賓不能只在華人社會弘傳，一定要讓佛法在菲律賓本土深耕，度菲律賓人、給他們佛法，「讓菲律賓小孩能參加佛教」，「讓菲律賓和尚度菲律賓人」。

而華人信徒為了佛法出錢出力、無私奉獻，在「人間佛教本土化」中扮演了非常重要的角色。

大師慈心悲願、胸懷法界、心中永遠沒有國界。

誠摯的心與慈悲的願，就像描戈律天邊的彩虹，將會帶更多的人微笑。

Act 9

蓮花鋪地

「我慚愧、我懺悔，我已明白過錯。只有你回應我的呼喚，您無邊的慈悲和指引，給了我方向。」

佛是解脫的聖者，只要能親近佛，鐵石心腸也會柔軟轉化。

一朵蓮花，是一盞心燈、是永夜的光、是前方的指引……

給孤獨須達長者：

啊……

慈悲的先生　給我一些時間　先生

聽我殷切的哭訴

慈悲的先生　希望你不要介意　先生

我需要一個答案

給我一點時間

給孤獨須達長者來到佛陀面前傾訴心事——

馬尼拉佛光山經過十年的努力，經佛光山常住的支持決定在原地拆建，所有佛光人於是同心協力展開長達十年的建寺之路。二〇〇二年五月由心定和尚主持「馬尼拉佛光山原址重建」動土典禮。

海外募集基金非常不容易，重建過程的艱辛可以預見，首先得先覓得暫時居處好讓法務不致中斷。為了搬遷找了許多地方都不適宜，當時道場在對面大樓舉辦一個大型佛像展，展出三天期間吸引了幾萬人次參觀。佛像展熱烈結束後，回道場的路上永光法師偶然回頭，看到隔壁前「斯里蘭卡大使館」貼了招租廣告。巧的是此棟樓三個圓形拱門正好用可安奉三寶佛，而房子隙縫與窗臺處居然自己長出菩提葉。於此因緣在二〇〇二年二月租用為道場，一邊弘法事業、一邊開始規劃新大樓拆建。

在菲律賓有太多因緣巧合了——

二〇〇二年五月二十六日馬尼拉佛光山奠基典禮，恭請佛光山宗長心定和尚主法誦經灑淨，當〈大悲咒〉聲一響起開始灑淨時，原本豔陽高照的天空突然下起雨來，與會大眾都感到不可思議。心定和尚開示時說：「〈大悲咒〉

一催下去，突然天灑甘露！很奇怪的只灑在這塊地上，外面都沒下雨，真是不可思議！這塊地很有靈氣，將來寺院必定香火鼎盛，寺務興隆。」

佛祖就要有安置的所在了！

Act 9

Scene 1

一步一蓮花

須達長者聽了佛說法後十分感動，發心為僧團建一座精舍，他回到舍衛國找到祈陀太子，想買太子的園林作為精舍用地。太子表示假若須達長者能用黃金將園林土地鋪滿就同意賣給他。須達長者果然在園林地上鋪滿了黃金。祇陀太子深受感動，也要求以園中原有樹木供養，以兩人共同名義提供僧團建造精舍。這便是有名的「祇樹給孤獨園」。

臨時道場搬過去後才是努力的開始，思量著新的道場重建的龐大費用，永光法師有了靈感，他決定讓須達長者的「祇樹給孤獨園」在馬尼拉重現。於是「一步一蓮花」的構想便一步一步的開始，用一平方公尺（square meter）的購買土地費用為一個單位稱做「一朵蓮花」，發心建寺的人可以認領一朵、二朵、三朵……集合眾人的力量，在地上鋪上一朵一朵的蓮花，蓮花鋪滿之日即是重建圓滿之時。

妙淨法師表示萬年寺「一步一蓮花」建了十年，甚至有老菩薩用舊報紙包著舊舊的紙鈔來道場買「蓮花」。建設的過程縱然辛苦，但感恩大家齊心協力「在台灣是學習佛法，在菲律賓是實行佛法」、「在台灣是師父親自帶領，在海外就是師父的分身了」、「人間佛教在菲律賓是很有使命的」，說起菲律賓的開拓因緣，妙淨法師並提到心平和尚生前對菲律賓的照顧：萬年寺三尊觀音聖像是他幫忙運來的，過年平安燈會時心平和尚也建議蒐羅具有菲律賓特色的燈回山上裝飾：「平和尚很關心菲律賓，和菲律賓的因緣是很深的！」

啟程赴菲律賓前，永寧法師因為受到心平和尚的鼓勵感懷在心，因而對他表明：「平和尚！您安心，我不會讓常住擔心！」本著對師父和常住的感恩，永寧法師讚歎青年法師、也發願護持青年法師。人間攜手，溫暖人間。

在宿霧慈恩寺、在描戈律圓通寺、在怡朗佛光緣、在馬尼拉萬年寺、在菲律賓光明大學，所有為了人間佛教為法忘軀的法師，在異國他鄉默默努力、奉行佛陀和大師的付囑，他們都是菲律賓人間佛教的行者。許多人不知道他們的名號，也看不到他們的面容，因為他們永遠為了弘法利生的「家務事」，隱身每個角落默默努力。

憶起在菲律賓為著共同理想攜手併肩、浩蕩前行的法師，永昭法師說：「菲律賓是一艘大船，大家同舟共濟。……所有曾在菲國四島道場弘法的職事當家，都會配合常住弘法需求，或因專長或因個人希望請願，在常住調配與調度下，安住崗位、奉獻心力。」無論曾經為這塊土地付出、以及正在本位上努力的人，無不懷抱「為償多劫願」的心情，朝向人間淨土的方向，向前航去。

前人後人，那正是一次完美而契合的交棒，無論路有多長；上船下船，莫不是一場水月與空花的轉換，不管世界有多大。足跡，印著足跡；心願，連著心願——每一步，就是一朵清淨的蓮花……

我懷想著這也許是佛在世時，人間的佛陀所帶給每個人的溫暖。

「您的微笑讓我很感動！」一位六十幾歲的貴婦人終日鬱鬱寡歡，永寧法師雖然與她不熟識，但只要見面就對婦人微笑，許久之後「微笑法門」打開了婦人的心，這一天她自己上前向永寧法師致意，並主動表示願意教永寧法師英文。因為長久以來永寧法師總是對她微笑著——雖然永寧法師並不知道她深藏的孤單。任何時候、任何地方，永寧法師一直謹記大師的教導：「微笑是最好的供養」，無論遇到任何狀況，「一個合掌、一個微笑就能化解疑慮」。永寧法師說他也學習了菲律賓人的親切性格，時時以微笑給人歡喜。

描戈律（Bacolod）「菲律賓佛學院」的孩子們有菲律賓人的藝術天分，

跳起太極扇身段優美舞步扎實，舞台上的青春身影讓人驚豔，這是他們與人結緣的善意；泡茶奉客時舉手與眉目間沉靜從容，也是他們日常學習的功課。「菲律賓佛學院」就在描戈律圓通寺，知頤法師獨自法師帶著十幾個來自不同偏鄉外島的學生，在課堂上、在五堂功課間、在日常生活中，體驗、探索也深入人間文化和開展自我的生命。

如同溫柔安靜的怡朗河，怡朗（Iloilo）佛光緣也給人熱絡又安定的像家一樣的溫暖，妙潤法師的笑容和矗立怡朗街市中的佛光山道場，都散發著「給人歡喜」的熱力。機場外站著一排著佛光會服的菩薩，他們手持著鮮花做成的花環，臉上也是花一般的動人的微笑。白上衣、鮮黃色的背心是全世界佛光人共同的溫馨色彩。出了機場、花環套在脖子上、行李被接過手了，我們只須對著晴空白雲和悠閒的怡朗街道綻開笑容：啊！好溫暖——

Act 9

Scene 2

聽我殷切哭訴

佛陀：

我可以為你做什麼

須達長者正為了家中第七兒媳的冥頑劣行苦惱著——

給孤獨須達長者：

佛陀知道

終止所有煩惱的方法

是否有辦法讓她改變　重新開始

哦　佛陀　偉大的佛陀

請聽我殷切地哭訴

家庭裡的困擾、職場的疑惑、情感的束縛、人生的方向，都可以向佛哭訴。佛不會怪你、佛也不會嘲笑你，人間的佛陀——祂會輕輕這樣對你說：

佛陀：

須達長者

除去你的疑惑

等時機成熟　一切會變好

我會去你家　親自跟她說

「這個劇本前後兩個版本，第一次只寫悉達多出生到成佛的故事。」編劇朱聚（Jude）在台灣見到大師、聆聽開示後，大師指示要增加佛陀成道後弘化的部分。

Act 9
Scene 3

佛法開啟我的生命

給孤獨須達長者：

哦　慈悲的先生　你太仁慈了

《釋迦牟尼佛傳》的故事是多麼貼近生活、多麼深入人心啊！佛陀行化的腳步沒有停歇，煩惱的人、苦悶的人都渴望到佛面前，傾訴心中的憂愁。

佛陀來到須達長者家中，執拗驕慢的玉耶女見了佛的光明相好，不由自主受到感化……

玉耶女：

我慚愧　我懺悔
我已明白過錯
只有你回應我的呼喚
您無邊的慈悲和指引
給了我方向
此刻　我願屈膝禮拜您

佛是解脫的聖者，只要能親近佛，鐵石心腸也會柔軟轉化。

美麗的玉耶女上台，原來她就是先前台上迦毗羅衛國歌頌著悉達多的貴族。現在，她成了須達長者第七個媳婦——美麗但頑冥的「玉耶女」，這一次她將遇見佛陀而痛改前非。啊！多好的轉身！

Act 9

Scene 4

你我之中

朱聚（Jude）不是佛教徒，但很喜愛佛陀的故事，在故事中學習到悉達多的精神，並運用在生活中，因而改變他的生命！Jude 看似活力充沛、熱情外放，實則是個善感細膩的人。在歡樂的 shopping mall 裡，他的孤寂其實很容易察覺，提到遭遇意外逝去的雙親時，他眼底閃過的黯淡讓人不忍——「幸好他有音樂」：他所創作的《悉達多音樂劇》是成功的，劇中每首歌不但流露出法的力量，並具有優美的人文情懷。也許曾經受傷的心，更能寫出撫慰人心的溫暖歌曲吧！

他作的歌，就像水面上，那總是努力挺直了身子、面向陽光的蓮花。

一朵一朵的蓮花鋪在馬尼拉的土地上，用愛心和信心一點一點疊起法身慧命的家，重建的路縱然走來辛苦，永光法師心中的理想也愈落實：「注入活力、加強教育、創新改變」活力是生命的泉源、教育是生命的翻轉、創新可以領導世界，而改變才能發現力量。

貧民區小孩時常在外遊蕩，有時見了遊客會伸出手掌要錢，法師教孩子們將乞討的手收回、合掌，嘴裡稱念「阿彌陀佛！」天真無邪的孩子很快就學會了！只要見了人就合掌喊著：「阿彌陀佛！」慢慢地，附近孩子不再乞討了，而是逢人就合掌、並且高聲喊：「阿彌陀佛！」「阿彌陀佛！」

改變，需要正確的導引，告訴他們：朝向太陽的方向就能迎來光和熱。

貧富差距、階級不同，菲律賓人飽受政變、颱風、火山爆發等天災人禍，但菲律賓人選擇用善良與純真面對困境，在貧窮裡依然保有他們的樂觀開朗。佛陀的教法超越了一切，天主教國家的菲律賓正在改變。只要給他不同的因緣，每個人都有無限的可能，而每一個生命的改變，毋寧就是當生的轉世——

莎拉（Sarah）是「佛陀傳」第三任導演，從小是天主教徒的她在法國受教育，導戲之前對佛法與佛陀完全不了解，參與演出後才知道佛教不是宗教而是人生哲學，也了解佛教和天主教在倫理道德方面是不分高下的。和其他演員一樣，一開始 Sarah 也曾對悉達多拋棄家庭的舉動感到懷疑，但透過「佛陀傳」才漸漸明白：凡事必須排除小我的角度，學習尊重與包容。

「一切眾生都是平等的，一個人的高貴與否跟出身無關，而在於他的言行。」二千六百年前，佛陀曾經對著自認出身高貴的婆羅門這樣說。

二千六百年過去，佛陀的叮嚀還留在人間，常懷感恩的菲律賓人果然感召善緣福報——星雲大師為菲律賓帶來了佛法、也帶來了光明與希望！

這一天，天氣異常晴朗。望著不遠處美麗的馬尼拉灣，心中升起了溫柔。貧民區外車水馬龍熙來攘往，眼睛越過電線纏繞的馬尼拉上空，微風中雲朵潔白，我心裡響起了那首歌：

你我之中

Jude Gitamondoc 曲／星雲大師 詞

我看花　花自繽紛　樹自婆娑
因為彼此相連
我聽見了內心的聲音……
同體共生
人我一如彼此相連
不管我們來自哪裡
就如同太陽與月亮密不可分
法界眾生是一家……

我們是法界一家。一個蓮花鋪地，琉璃清淨的地方。

Act 10

淨土

貪是灰塵、瞋是灰塵、癡是灰塵。當一個人掃盡了灰塵，即刻獲得真正的智慧。

彼土何故名為極樂。其國眾生。無有眾苦。但受諸樂。故名極樂。（《佛說阿彌陀經》）

用十年的光陰，憑自己的力量，在娑婆世界為自己、也為菲律賓創造一個人間淨土。新大樓在萬人期待下終於完工，二〇〇九年星雲大師親自飛抵馬尼拉，他要來看看這個他所關愛的菲律賓，並親自督導每個樓層的主體規劃希望它發揮弘法利生的最大功能。馬尼拉佛光人歡天喜地迎接大師到來。這一刻，有無法言說的萬千心情……

Act 10

Scene 1

Mabuhay Temple

Mabuhay! Mabuhay! 現場響起菲律賓熱情的歡呼聲。

「他們在說什麼？」星雲大師問。

「大師！『Mabuhay!』是菲律賓語『萬歲』的意思。」

於是大師將新建好的「馬尼拉佛光山」命名為「馬尼拉萬年寺」——Mabuhay Temple。

極樂國土。有七寶池。八功德水。充滿其中。池底純以金沙布地。四邊階道。金。銀。琉璃。玻璃合成。上有樓閣。亦以金。銀。琉璃。玻璃。硨磲。

赤珠。瑪瑙而嚴飾之。（《佛說阿彌陀經》）

二〇一〇年一座多功能的現代化道場落成了，就座落在繁華熱鬧的馬尼拉日落大道上。馬尼拉萬年寺為整個菲律賓普門大開：無論世代移民在異國生根、努力拚搏的華人，或出生貧窮而天性開朗的菲律賓小孩，都能在這裡找到生命的新方向。十層樓、占地八百坪的「Mabuhay Temple」期望接引更多需要佛法的人們，也希望深入各個角落走向每一個需要佛光人的地方。

菲律賓人間佛教早期以慈善救濟為主。有一年得知菲律賓米骨島需要救助，由於地處偏遠、情況難以掌控，旁人都勸永光法師將善款交由當地機關統一處理，但他卻堅持要親自抵達。除了安慰受災的民眾之外，並希望確認災民真的收到了物資。由於怕發生危險，還是由政府軍隊親自護送。（註一）

註：一九九九年三月四日、五日 菲律賓米骨區（Bicol Province）馬容火山（Mayon Volcano）爆發。永光法師帶領菲律賓佛光山和佛光會連夜搭乘巴士前往賑災，經過十二小時車程，不辭舟車勞頓，前往 Tabaco、Malilipot、Sto. Domingo 三個地區發放賑品，共三千戶災民受惠。

為了佛法、為了眾生，哪裡有難就往哪裡去，永光法師一直謹記師父的教誨。

「我想各位都看得到，菲律賓的佛教興隆……」星雲大師這樣說時，在場的人無不明白：佛光普照三千界一直是大師悲切的心願。

這一天，星雲大師有一點餘暇，於是站在萬年寺庭園花圃旁，身著黃袈裟的身影在日光下巍然如寶塔。一群菲律賓孩子無意看見了，競相朝著大師飛奔而至，不由分說地將大師團團圍個熱鬧紛紛，嘴裡不住地喊著：「PaPa! PaPa!」PaPa 是天主教徒對教宗的親暱稱呼，孩子們的心由來天然，見了大師的光明相好只當見到教宗，禁不住歡喜雀躍、喊出內心最崇敬的名字。

大師慈懷不忍挪動腳步，並以眼神示意一旁有些緊張的守衛人員，要他們別驚擾了孩童的純真熱情。天光下，老人怡然含笑和孩童們相見歡喜。

「微風吹動，七寶行樹，出微妙音，譬如百千種樂，同時俱作……」啊！

淨土——在人的心；淨土——也在每一個時刻。

周利槃陀迦：

啊……

慈悲的先生　給我一些時間　先生

聽我殷切的哭訴

我需要一個答案

給我一點時間

佛陀：

我能為你做什麼？

Act 10
Scene 2

我能為你做什麼？

「非常感恩馬尼拉所有的因緣，建寺十年來，辛苦參與建設的法師都沒有住下來。」二〇〇九年到萬年寺擔任住持的妙淨法師談起萬年寺的諸多善緣萬分感動：「而我竟然空降來了！」妙淨法師是汶萊華人，留學加拿大具備厚實的英文造詣，因深受大師感召發心出家。永寧法師語出真誠的那句話：「只要有人會說英文我就會護持他！」讓妙淨法師感念在心、時刻不忘。胸懷法界的無私與開闊成就了萬年大事、結下萬人緣，如今萬年寺是菲律賓的標竿「這棟樓建好後我們並沒有善待它，它卻承擔起弘法的責任與工作。」妙淨法師感性地說：「剛搬進來二個禮拜星雲大師就來了萬年寺，二十年前認識總住持的教授們也都回來了，所以這棟樓是有龍天護佑的。」

周利槃陀迦：

哎　想成為一個有道的修行人
若我有一半的智慧　我就不會如此痛苦
你的教誨是我的一切
它們帶給我安祥
但無論我如何用心
我就是記不得任何事

克拉克（Clark jolbot，飾周利槃陀伽）：「我從被動的、脾氣不好，變成主動幫助人，雖然還不能完全實現『四給』和佛說的『八正道』，但希望從自我開始做起再傳給其他人。」

克拉克（Clark）在劇團分別飾演阿難陀、周利槃陀伽、證婚人三個角色，他的本業是電腦軟體工程師，有副天生的清澈好嗓音。台上的周利槃陀伽拿著掃把兩眼遲鈍、神情茫然，我差點以為現實中的他是個憨厚魯直的人，但他卻是永光法師口中劇團裡最聰明的演員。

佛陀：

周利槃陀迦
除去你所有恐懼
放下所有的想法
時間到　心自清
只要將灰塵掃盡

周利槃陀迦：

佛陀與周利槃陀迦：只要將灰塵掃除

這棟樓為眾生承擔著菲律賓的弘法利生工作，同時「萬年寺」還擔負著教育的重責大任——在永光法師的協助下妙淨法師每年都帶菲律賓國內教授和官員等回到佛光山見大師，並將「三好」的精神帶入校園，在菲律賓全國推廣「三好」學校活動。在菲國教育部的推動下，目前已向一百所三好校園的目標邁進。是的！唯有教育才能掃除錯誤成見，真正翻轉生命！

萬年寺外面街道旁，許多年輕人排成好幾列長長隊伍，人龍在馬路旁彎彎曲曲向外迤邐，原來這些孩子是來面試到台灣工作的，聽說被選中的機率並不大，但他們還是成群結隊來了。沒有交頭接耳、沒有伸頭張望，孩子們只是在隊伍中安靜等候，我們的車從他們身邊駛過，偶然瞥見他們期盼的眼神，腦海裡浮上他們離鄉背井的堅強身影，望著排在長龍裡的年輕人，我在心中為他們寄予樂觀和希望：「祝福你們！孩子！」

從一九八九年，踏上宿霧的土地開始，永光法師就與菲律賓結下深厚因緣。經歷了種種艱困、克服了無數難關，在菲律賓勤懇深耕、落實本土，二十八年的漫長歲月累積成了豐厚果實：萬年寺舉辦的教育界尋根之旅（Educator's Strip）活動，妙淨法師也邀請國外教育部官員參訪佛光山，菲律賓教育次長 Hon. Yolanda Quijano 此行大受感動，主動請求星雲大師來菲律賓辦大學。

Act 10

Scene 3

二十年前的夢

二十年前，永光法師心中有個夢想：在大雅台（Tagaytay）找一處清靜秀美的地方，建一座清幽的禪堂供人靜心修行。頭上是藍天輕雲，周圍是碧草如茵，還要有寬敞的喫茶、歇憩的場所，所有人來到這裡都可以得到心靈的滋養。

二十年後夢想實現了——只是永光法師沒想到，還多了一所大學！

這一年，二〇一四年，在所有人的努力之下，終於水到渠成，以五個月的時間辦起了佛光山在菲律賓的第一所大學。於是，菲律賓孩子有了人文與藝術兼修的園地。

光明大學校舍尚未興建，暫借萬年寺作為臨時校址和宿舍。所有來自外島偏鄉的學生都住宿在萬年寺，目前有三個年級共一百多人。學生的入學條件很嚴格，在校成績必須達八十五分以上才能參加甄選，並由校長海倫．卡蕾拉博士（Dr.Helen Carrea）親自面試。她說：「菲律賓的貧窮問題反覆地發生，唯有讀書受教育才能改變。」

學校校舍還沒有動工興建，學生已經來了！一百多個學生分別從外島偏鄉來到馬尼拉，他們將暫時在萬年寺上課、寄宿，展開新生活。

萬年寺外觀古典與現代、素雅與藝術兼具，內部設施溫暖明亮且動線流暢寬敞，是心靈的皈依處也是一座多功能的文教大樓。這裡有現代化的設備但沿襲著寺院道場的古老傳統；有典藏豐富保存完備的圖書館與美術館，也有寬闊沉靜安人心神的佛殿和端嚴慈和的菩薩容顏，每一層樓都有不同的風格與使命，每一個人都有不同的工作和發心。許多人看不到的是：在熙來攘往的日落大道上，這棟肩擔著弘揚佛法重擔的現代佛寺，同樣日日夜夜充實、滋養著孩子們的身心，努力為他們鋪展著更光明的未來。

周利槃陀迦：

掃塵除垢

掃塵除垢

掃塵除垢

只要將灰塵掃除，人的心，就是淨土！

薄荷島（Bohol）距離宿霧約九十分鐘船程，四周有許多小島，島上有山、有樹、有海也有河，樹和山都不高，河水也不澎湃，大海沒有激動的浪花，海水只是靜靜在沙灘畫圈圈，沙灘有麵粉般柔細的沙。人在其中有種安然的、放鬆的心情。島上居民大都住在自己蓋的「里巴」屋，島上隨處可見的闊葉「里巴」樹的樹葉編成的屋頂幾年就得更換，木板釘成的牆縫會滲進外頭炙熱的陽光，簡陋的炊飯台、小小的床板，一家人就生活在這裡。「很多人一輩子都沒有出過這個島」，覺林法師說：「我們光明大學的學生有些就來自薄荷島這樣的家庭」。

由於深入貧民區或外島親自面試，發現學生的家庭環境大都很簡陋，有些地方甚至沒有電、也沒有沖水馬桶。但是住在這裡的人們十分和善、也十分溫暖，面對陌生人唐突到訪依然親切延客入內，儘管赤腳踩著的地板絲毫沒有沙塵，主人卻略帶愧意地表示：「今日屋內尚未打掃！」因為來自如此單純美麗的地方，孩子的心也單純美麗。他們努力適應新的生活，也努力掃去心上的塵垢。

周利槃陀迦：

貪是灰塵

瞋是灰塵

癡是灰塵
當一個人掃盡了灰塵
即刻獲得真正的智慧

遠離了的山中深處的家，許久不見的夢裡小島「里巴屋」，難忘的安靜、滑著輕浪的海邊，都暫時藏在心中。晨朝夜晚都將自己投入在大殿、在禪堂間，在教室與視聽中心裡，在齋堂、客堂、寮房、中庭、樓梯，在每一個轉角，在菩薩的慈眼關注下，在師父師長的照拂中，慢慢薰習、成長、也蛻變！

「目前光明大學的三大科系：表演藝術的戲劇系、舞蹈系，以及佛教學系，這是根據菲律賓青年的專長與特質創立的。除此之外學生必修的還有佛門行儀、佛法概論、三好理念等通識課程。」負責光明大學教務的妙心法師說學生們在校舍裡受到嚴謹而規律的的訓練：早上六點起床晚上十點開大靜（睡眠時間），早上中文課誦，晚上英文課誦。一段時日的培養後，法師回台參加徒眾講習會期間，孩子們已經可以自己做早晚課了。

萬年寺最美的風景就是光明大學的學生們了！早晚課和過堂的行列中，整齊清新的校服下青春的神采，為莊嚴的殿堂增添了亮眼光華——久被塵勞封鎖的明珠，找到了掃塵除垢的方法，迷惘的路上有了信心，灰暗的心靈有了希望，當一個人掃盡了灰塵，即刻獲得真正的智慧。每一個孩子，都是一顆明珠，有一天他們將會照見不一樣的自己。因塵盡，而光生——

周利槃陀迦：

謝謝　偉大的佛陀

我將不會忘記

終有一天，我的親人、我的故鄉，會因為我的改變而改變。

Act 10

Scene 4

照破山河萬朵

「光明大學在菲律賓是給貧窮小孩一個希望，開發他們本自具足的才華和天分。」妙淨法師強調光明大學的用意是讓外島偏鄉的孩子有學習的機會，大師給光明大學的校訓就是「勤忍，創新」教他們善良、能服務，有信心，積極培養服務大眾的習慣。

有一年有菲律賓「米倉」之稱的棉蘭佬島旱災飢荒，災區還因此死了人，永光法師也是堅持要去賑災，這次眾人都齊聲反對，因為這山區裡有回教徒的武裝部隊，常有擄人的事情發生。但是在永光法師的堅持下依然由政府軍護送、分三梯次前去，深入高山勘查才發現：當地住的是竹製高腳屋，幾坪大——甚至僅有一坪半的地方要住著全家人，家徒四壁境況十分窘迫。

救濟隊伍驚險萬狀的來到棉蘭島，捐贈儀式首先是簡單的祈福儀式，永光法師帶領大家念佛持咒後才開始發放物資，聽說佛教師父要發放米糧大家都蜂擁而來，有的災民翻山越嶺走一、二天的山路來領米。發放當中還有小插曲：二十多名回教叛亂分子持著武器圍了過來，其中有七、八人持著道場事先發放的領米票券要求領米，永光法師強作鎮定地答應了。但是當天所有的米都發放完時，現場等著領米的災民還是很多。人單勢孤的佛光人面對層層圍住的災民正一籌莫展時，天空轟然作響，雷聲過後突然下起大雨，雨勢強大到打在身上隱隱作痛，一行人當機立斷藉著躲雨乘機衝出重圍、上車、迅速開往山下。（註）

註：一九九八年四月二十六日到五月二十一日期間，菲律賓南島棉蘭佬旱災，菲律賓佛光山和佛光會並先後四梯次搭機飛往南島納卯市（Mindanao City）、古島將軍市（General Santos City）賑災，賑濟近萬袋米，計三萬多戶人家受益。

車子行駛在山路時驟然來的大雨很快又沒了蹤影，這時發現後方赫然有輛吉普車緊追不捨。車上人不敢想像將會發生什麼事情。到了加油站不得已停下車，對方車子也跟著停在後頭。

正在忐忑不安時，有人趨前敲車窗了——原來是想來索討剛才祈福的咒語：「這裡發生旱災，你們一念咒語天上竟然就下雨了！」

車上的人驚惶甫定，就這樣跟著永光法師經歷了人生中——也可能是佛教史上的第一次！

而光明大學的學生大多數就是來自這樣的外島，可以想見如此截然不同的生活背景，對學生來說是多大的衝擊！但無論多麼艱難，孩子們都很珍惜也很努力！

只要心中有燈塔，生命就不會迷航——

不計後果冒險深入外島，將物資親自送到災民手中；貧民區每週一次的三好課、新成立的童子軍，與 CCP 藝術總監合作的貧民區兒童專屬免費的芭蕾舞課；深入偏鄉外島甄選學生，給予他們全額獎學金就讀光明大學，開啟孩子生命的另一扇門；《悉達多音樂劇》十年演出一百場，為一群懷抱舞台夢的年輕人提供展現才華的舞台——這一切，只因為星雲大師說：「一個人可以什麼都沒有，可以沒有房子、沒有金錢，但不能沒有慈悲心！」「每個人都存著慈悲心，就得救了！」

從馬尼拉萬年寺、宿霧慈恩寺、描戈律圓通寺到怡朗佛光緣，二十幾年歲月悠悠！菲律賓人間佛教永遠朝著「建設佛光淨土」的心願而努力！

只要將灰塵掃除，人的心，就是淨土！

只要將灰塵掃除，人的心，就是淨土！

Act 11

平等

「外貌會欺騙眼睛，用你的心去看，在極度黑暗的背後，會看到美妙之處。」

佛陀是如此的慈悲與平等，在佛陀面前，是如此的自在和安心。阿難陀靜靜站在佛的身旁，他永遠都明白佛的心意。

因為佛陀是如此的慈悲與平等，在佛陀面前，是如此的自在和安心。阿難陀靜靜站在佛的身旁，他永遠都明白佛的心意。

舍衛城中。尼提出生鄙賤，挑糞為業。這天在街市中，尼提遠遠見佛陀走了過來，他自慚形穢不敢見佛，急忙閃避入一小路，不料佛陀竟從小路另一頭迎面而來，尼提又驚又慌，轉身想逃返原路，慌亂之下碰翻容器，汙穢濺了滿身：

尼提：

啊……

哦　佛陀　偉大的佛陀

原諒這可悲的景象

尼提羞愧地用手遮著臉不敢見佛陀，佛陀彎下腰看著尼提。

佛陀：

尼提　別擔心　我不介意

阿難陀靜靜地看著這一切，他知道佛陀的心意，他永遠都知道。當佛陀還是悉達多太子時，他就決定永遠追隨了——阿難陀的心從未改變。

阿難陀：

他叫悉達多

一個和你我一樣的人

他大膽又勇敢

如此熱情

而我決心跟隨他
而我決心跟隨他到最後

佛陀歸城後，阿難陀和其他王子一起隨佛出家，王城七王子出家過著僧團生活，從那時候起阿難陀就一直跟隨在佛的身邊片刻也不離。僧團的修行生活讓阿難陀找到新的人生。佛陀是他敬仰的人，是他解脫生死煩惱的導師——只有佛陀，才能引導他找回本來面目。

克拉（Clark，分飾阿難陀、周利槃陀伽）：「飾演阿難陀能夠跟隨佛的腳步是很感恩的，每天早上我都感覺生命正美好。工作和角色並不衝突，工作時投入、演戲時融入。演出時覺得不能拘泥於歌詞裡，因此我是經過自己的內化，再透過歌聲表達感情。」

尼提：

你怎能不厭惡地看著我
我甚至不能信任自己
你如何知道我的名字
我自己都不知道
我滿臉都是糞便　你如何認出我

Act 11

Scene 1

孩子！你想讀書嗎？

「我不認識您，您也不認識我們，我們跟您非親非故，您為什麼願意要花錢建大學，只為了讓我們念書？」二〇一六年國際青年禪學營裡光明大學學生普琳西絲（Princess）這樣問星雲大師。

星雲大師說：「這世界上沒有一個人是沒有關係的。」

普琳西絲（Princess）說到大師的慈悲又是淚流滿面，這位十幾歲的小女生問了一個全天下都想知道的問題，而大師給她的回答是：「大家是同體共生，要互相幫忙！」

星雲大師說：「這是因緣！現在我有能力幫你，將來你們可以幫助別人」。

星雲大師和普琳西絲（Princess）溫馨的對話，讓在場所有人都落淚了！

佛陀：

外貌會欺騙眼睛
用你的心去看
在極度黑暗的背後
會看到美妙之處

佛陀問尼提：「你想修行嗎？」

這是尼提從來不敢奢望的，他以為身分卑微的自己只能一輩子躲在陰暗的角落，他以為見了階級高的人只能遠遠地閃避。他不敢想像有一天也能夠加入佛陀的僧團成為修行人，這個他從來不敢抬頭仰望、高尚又尊貴的僧團啊——現在他居然身在其中？驚喜萬分的尼提，心中踴躍、眼淚潰堤……

凝視哭泣的尼提，佛陀握住他的手：

「尼提！你想修行嗎？」

Nidhi!Do you want to be a monk?

平等的對待啊！就是最慈愛的安慰。

「十年前，我的心裡只有自己的幸福與快樂，十年後，我覺得如果可以給別人快樂，那麼我的心裡可以得到更大的快樂！」本傑銘（Benjie）演了十年的佛陀，慈悲和智慧已經深植他的內心。不知他的夢裡，有沒有佛陀含笑的身影？

慈悲喜捨遍法界，大師的願望成為無所不在的力量，它無時無刻澆灌著每一個夢，夢中有無限廣大的虛空，那裡有許多的不可能，還有從未想過的驚喜。

誰能想到彼此素昧平生，卻只是問聲：「孩子！你想讀書嗎？」你想讀書嗎？光明大學是一所用許多人的愛與慈悲構築的大學，大雅台的清幽與開闊也正好用來實現一個美好的夢——這裡提供全額獎學金還有全部的愛！孩子啊！你，想讀書嗎？

佛陀輕輕地問：「尼提！你願意出家嗎？」

佛陀請阿難陀帶尼提去清洗乾淨，並為尼提剃度正式收他為弟子，他現在是佛陀僧團的一分子了。尼提沙門法相莊嚴，從此和過去告別。

學生住進宿舍後，由校長海倫．卡蕾拉博士（Dr.Helen Carrea）親自督促，從生活起居耐心牽引，開始了今生第一次的「換場」。孩子們穿上制服，氣質清新十分亮麗，新的生活正要展開——

「我是在學習佛教的生活」，在星雲大師的著作《人間佛教——佛陀本懷》看到書中所說的「佛教徒一天的生活」有感，因而主張重點回到教育。校長對學生的要求很嚴格，她知道孩子從小就是天主教徒，剛開始看到佛像不知如何面對，也不知道為什麼要禮敬，所以要學生對新事物多了解、要跳脫過去的觀點。「孩子以過去的經驗面對新的生活，這是個挑戰，必須靠自己判別。」校長這樣勉勵他們。

「能跟學生在一起，很幸福、很自在！」妙心法師談到學生時口氣和眼神都柔和起來：「孩子很可愛、很天真！」從家裡來到學校，生活習慣都要重新教起，有一個學生過堂時哭了：「我在家裡都沒有吃飽……」，另一位學生說：「終於有自己的一張床了！」

有的學生是住在當地名為垃圾山（Smoky Mountain）的地方，全家人住在僅有一點五坪大的房子。但菲律賓人生性樂天，孩子們在學校裡也十分珍惜機緣。無論來自薩馬（Samar）、描戈律（Bacolod）、薄荷（Bohol）或怡朗（IloIlo），孩子們都會在光明大學看到光明的天空。

Act 11

Scene 2

超越生命的侷限

佛陀：

不要擔憂　我的孩子

還有希望的

在此生尋找

每個人是平等的

在佛法的光芒之下

將眼淚擦乾

抬起頭

有個男生為幫忙家計十七歲就做了礦工。考上光明大學後非常努力，會默默關照學校每個角落，變成一個有正義感、喜歡為大眾服務的孩子，「現在不恨爸爸了！」說起學生的轉變，妙心法師眼裡藏著慈悲：「一個女生，爸爸是酒鬼，媽媽時常被爸爸打。十四歲那年差點被爸爸賣到酒店……如今是十九歲的大三生，容貌也變莊嚴漂亮了！」學生脫胎換骨獲得新生，是老師的最大安慰：「光明大學教育學生的目標是——改變自己也改變家人。」可以看得出妙心法師最在意孩子們未來的路……

校長自己成立二十多個招生委員幫忙光明大學招募學生，平時和招生委員們還有家長關係都很密切，因此可以了解到孩子假期回家的情況。如今孩子們經過佛法薰習，思維理念都改變了，回家會教導家鄉的孩子「三好」的觀念，儼然成為家鄉小孩的小小老師了。明顯看到孩子的自信與成長，是校長最感欣慰的。

十九歲的蕾蒂安（Ladyann）來自菲律賓中部的小島，父親是漁夫，家裡有七個孩子，乖巧的她知道家中沒有能力同時供兩個孩子念大學，原本想自己放棄上大學，將機會讓給姐姐。沒想到光明大學提供獎學金，表現優異的蕾蒂安（Ladyann）獲得了這個機會。「我很歡喜！因為非常不容易。」個子小小的蕾蒂安（Ladyann）有雙明亮的大眼睛，說話時充滿智慧與自信，感情豐富的她，說到激動處又是熱淚盈眶。

師長們老婆心切：只要能超越，就沒有侷限——

大師指示菲律賓人間佛教要朝向三個方向：「一以音樂傳遞佛法、二以教育翻轉生命、三以藝術弘揚佛法。」永光法師對光明大學學生的心願是，將來遴選菁英學生回台灣上佛光大學，畢業後繼續培訓以具備教師資格，有的學生則視能力考烘焙或房務等證照，確保學生將來就業出路。永光法師表示：菲律賓孩子有語言優勢，將來也可以到英語系國家弘揚佛法。

校長認為要真正的改變，只有大學四年的時間是不夠的，目前只是耕耘與培訓時期，她希望學生畢業後能留下來服務，或未來到佛光山各單位學習「這些都需要時間的培育」。目前光明大學有一百個學生，他們的言行觀念會漸漸影響更多的人，足見向下扎根的重要。如同妙淨法師所說：「宗教情操要從小培養，讓生活、生命中都契合人間佛教。」

濃厚的人間性格在萬年寺充分顯現，萬年寺的熱力足以感染每一個來訪的人，這樣溫暖祥和的地方正適合做為「選佛場」！光明大學的孩子在萬年寺寄宿就學，為了將來「弘揚佛法、造福世界」的人間菩薩行，他們在這裡努力、奠定著深厚根基。

Act 11

Scene 3

愛的宣言

二〇一六年七月星雲大師在「國際青年生命禪學營」中與一千名學員接心，在沒有任何安排之下，在場聆聽的蕾蒂安（Ladyann）忽然站起來發言，她勇敢的對大師說：「我們向您保證：十年後，所有光明大學的畢業生都會弘揚人間佛教，而我將傾盡所學，為世界和平努力。」

星雲大師感性回應：「如果我活不到那天，來世，我會再來看你們。」

一場對話讓所有人都激動落淚，負責翻譯的妙光法師哭到無法接話，全體青年學子更是深受感動，回去後足足哭了兩天！

當場，所有到場的二十多位菲律賓光明大學學生，不約而同地站起來合掌，高聲對星雲大師說：謝謝大師！我們愛您！

學生們的「愛的宣言」讓全場動容了！那真是無比珍貴的一刻啊！

阿難陀靜靜站在佛的身旁，他永遠都明白佛的心意。

阿難陀：

……

而我決心跟隨他

而我決心跟隨他到最後

「這麼老的和尚還有人愛我！」

「我們大家一起愛他們！」大師對身旁的人這麼說。

當天帶著學生在現場的永光法師當場淚下，他不可置信地想：「一個九十歲的老和尚，居然這麼認真聽一個小女孩說話！」

像日光普照著大地，大師無私的心和平等的慈悲，不但穿過每一個人心中，孩子們也真切感受並深受啟發。在愛中成長的孩子，必定學會對這個世界施予心中的愛——

蕾蒂安（Ladyann）說：「將來家鄉的孩子若無法受教育我願意去教他們，或有學校需要我，我也一定會去的，將來我要大力推行『三好』，如同我的允諾一樣！」

普琳西絲（Princess）說：「我在禪學營時曾寫信給大師，希望以後能就讀南華大學，將來回來當光明大學校長！」

戴利歐（Darye）說：「未來我想從商，可以擁有自己的劇院以呈現大師的理念，供人各種表演、舉辦文化講座，讓多元宗教幫助更多人。」

我們，也一起等待著，等待著十年後，有一批菲律賓年輕人，致力推廣人間佛教，為世界和平而努力。他們會告訴世人：我的師父是星雲大師，我來自佛光山！

Act 12

別離

「沒有任何一件事是永恆的、沒有任何一件事是長存的，活於每一個當下，放下過去。」

成就正等正覺的釋迦牟尼佛，抬著父親的遺體向此生告別。陪著父親行走的這一段路，是別離，也是超越生死，通往解脫的路！

當我離去時，你就在我身邊……

淨飯王生病了！王后摩訶波闍波提夫人請求佛陀回來見國王一面。佛陀知道父親淨飯王病體沉重，很快帶領阿難陀、羅睺羅等弟子奔赴迦毗羅衛國，病榻上的淨飯王看見佛陀回來，微笑著、慢慢伸出虛弱的雙手，佛陀默默上前握著國王。

舞台上阿難陀低聲傾訴……

阿難陀：
在他父親床邊
佛陀平靜地坐著
安慰他　直到最後
當死亡漸漸逼近
他握著他的手

化妝間出來還要走上幾級階梯，再通過後台的空間才是表演的舞台，國王和王后摩訶波闍波提夫人準備上台。走上階梯時，王后憂心忡忡地牽著國王，國王疲憊已極步履蹣跚、看起來非常脆弱。後台光線昏暗、地上堆滿了道具，他們緩緩地、小心翼翼地彼此扶持慢慢走向舞台。原來上台前，他們已經內化成劇中人，把自己投入在故事裡了——在沒有人看到的背後，一個演員面對他的角色竟是如此敬謹、這般慎重。

曾經以為，解脫無明煩惱的佛陀必定超越凡情、不再悲喜。但是，台上的淨飯王在彌留時刻見到佛陀，並在佛陀身邊安詳往生，我在後台側邊看著台前的演出：台上，國王病危，佛陀躬身陪伺父親身旁，訣別時刻，一個兒子的悲戚眼神穿透布幔直向舞台一側射來。那一瞬間，我心底再次震動——彷彿就在佛世，見到了佛陀的真情。

Act 12

Scene 1

大手和小手

演員們終於見到心中景仰的星雲大師了，他們不由自主跪在大師面前，不住流淚……

二〇〇六年，當時任佛光會中華總會祕書長的覺培法師到菲律賓，在菲律賓文化中心（CCP）觀看「佛陀傳」後大為感動：「在各方面條件都不足的情況下，孩子們卻能演得這麼好！」，覺培法師讚賞之餘當場力邀，並促成劇團回台灣演出十場。

「能夠促成佛傳順利在台演出，如果大師是大手，覺培法師就是小手」，永光法師這麼形容。十年來，劇團在菲律賓、在台灣，還有美國日本澳洲星馬等國家努力演出，將佛陀的故事透過他們的表演告訴世人，「以自身為工具弘揚佛的教法」傳達佛陀的真理，帶給世人正確的人生觀念，同時自己也從中得到不同的啟示。

劇團去了許多國家表演，駿睿（Junrey，飾悉達多）特別難忘的是紐西蘭十五天，劇團去基督城表演時正好是大地震之後，因為同是基督教國家，感覺不只是在表演，覺得自己的責任是傳達佛的普世價值。演出時當地原住民的難民也來觀賞，尤其是佛光山特別開放道場讓難民進住，駿睿（Junrey）身在其中感受特別深刻：「世上不是只有自我，我們和所有人都息息相關」。

因為深受佛陀故事啟發，因為感念大師恩德，當劇團來到佛光山，孩子們和大師見面的那一刻，每個人都跪下來不住地流淚，彷彿佛陀現身在他們眼前——

淨飯王：
悉達多　我的兒子

佛陀：
我在此　敬愛的父親

淨飯王：
不要丟下我

佛陀：
我不會離開你

淨飯王：

日落

佛陀：

在地平線

淨飯王：

星星閃耀

佛陀：

是的　照亮著天空……

國王在佛陀懷裡安詳去世。

Act 12
Scene 2

一百場的祈願

「我們來演一百場佛陀傳，恭賀大師壽誕！」劇團的孩子們說。

台上耶輸陀羅、王后和五比丘悲傷痛哭。死去的淨飯王此時卻輕悄悄離開舞台，他默默走過我的身旁，身影很俐落、腳步很輕盈，舞台餘光斜射過安靜的後台，像緩緩飄來的迷濛煙霧，迷霧中有淨飯王輕巧的身影，彷彿一具脫離神識的軀殼，正悠忽地轉向另一個空間。望著他模糊漸去的背影，我有掉入另一個夢中的幻覺……

佛陀：
人生就像一場夢
奔流如河水

幕緩緩落下，又是一個世代的結束。

佛陀：
沒有任何一件事是永恆的
沒有任何一件事是長存的
活於每一個當下
放下過去

五比丘和親人們回到後台依舊傷心地哭泣，工作人員趕忙上前遞上紙巾，他們不斷地流淚——我也動容。

雖然知道那是虛幻、雖然知道已經過去——他們的情緒無法抽離，我也忍不住黯然。

若您不在我身邊，我該如何找尋自己的天空？

Act 12
Scene 3

光明優美的天空

光明大學校地位於大雅台（Tagaytay），這裡風景優美天空清亮，天很藍、雲特別鬆軟潔白，風一吹雲就飛得更輕快了！山勢低調柔軟使得依山而建的房子也起伏有致，火山形成的湖泊和翠綠的樹林相映盎然，望去就是一處令人歡喜的樂土。因為這裡即將擁有一座現代化、人性化和國際化結合佛教與藝術的學府，是佛教在天主教國家的第一所大學，也是佛光山在全世界設立的第五所大學。

佛陀是偉大的社會學家和教育家，佛在世時，一生致力於「人」的教化和家國社會的提升。星雲大師認為推廣「人間」的佛教即是闡揚佛陀的本懷。「教育」可以改變生命本質，也是活化佛教的生命力，「學校」能向下扎根、發掘人才並得天下英才而教之，一所胸襟開闊的大學不僅為世界培育優秀人才，更為人間的淨土貢獻一份心力。

大雅台設立了光明大學，提供菲律賓品學兼優的清寒學子更廣闊的天空，也帶領孩子們拓展生命的視野和高度，必須展翅、迎向風雨，才能為自己、也為世界追尋更廣闊的天空！

我所追尋的天空，必定有您慈悲的身影。

在宿霧、在馬尼拉、怡朗或描戈律等外島，教堂永遠是他們最驕傲也最安心的地方，任何時候都有人走進教堂、靜靜坐在長椅上望著上方的「聖嬰」或耶穌聖像，無論抬頭仰望或是低頭禱告，每個人的神情總是安寧又滿足。

他們也會很樂於告訴你：教堂已有幾百年歷史、這裡是最好的地方，壯觀堅固的牆是加進蛋白砌上的，牆外石雕聖母像逐年在長高……這個遠東惟一的天主教國家，濃厚的宗教情操已滲透在日常生活裡了！

駿睿（Junrey）在慈恩寺，看到《悉達多音樂劇》演員們正在大殿排演，自己來應徵。起先從五比丘開始演，後來被選中演出悉達多太子一角，聽到這消息時他遲疑地看著飾演佛陀的本傑銘（Benjie），本傑銘（Benjie）知道駿睿（Junrey）的顧忌，馬上大方地過去抱住駿睿（Junrey）說：「你可以的！」一個溫暖的動作，一句鼓勵的話，造就了一位優秀的悉達多太子。

駿睿（Junrey）不但在表演藝術和修行上獲得很大的突破，後來到佛光山短期禪修發願吃素，「佛陀」最初善意的鼓勵既是接引也是提攜和傳承。如今相互在人生道上留下溫馨記憶，他生來世在某個時空重逢時，也必定會記起擁抱時內心的溫度。

佛陀啊！總是隨時隨地給人光明的。

本傑銘（Benji）參加劇團這十年來其實有其他的選擇，去台灣演出那一年他得到一個在美國工作的機會，證件都批下的當時，他還是為了佛劇而放棄了。直到現在，用心投入的他仍然堅持打坐的習慣，眼神表情也愈加柔和了。

面對相聚或別離，佛陀用因緣無常的道理解開人們心中的囚籠，但人間的佛陀仍然以世間的情誼和溫暖，安慰著受苦的人。

悲戚的出殯場面，他們抬著淨飯王的棺木緩緩移出，佛陀走上前，和大家一同抬著棺木往火葬場走去。

最初，是您帶我來到這個世上賦予我生命；最後，是我擔負著您的肉體走向生命的終止。為著今生的恩情！於是——我報答您一盞永不熄滅的光。

佛陀：

真理　簡單且明確

在心的彼岸等候

不曾熄滅的燈光

人生的希望　超越死亡

不曾毀滅

也許，堅持循著前人的足跡，把自己變成人間行者的新典型，才是最大的感恩與報恩行！

因為，在心的彼岸，永遠閃耀著希望的光——不曾熄滅。

Act 12
Scene 4

怡朗佛光緣

一九八七年慈莊法師到描戈律弘法，描戈律道場很快成立後，怡朗信徒歡喜的搭一個小時的船過來參加法會和共修。有感於人間佛教弘傳的必要後，描戈律信徒蔡淑慧居住在怡朗的二姐蔡淑貞徵得同修同意，成立了「怡朗佛光會」，並出借家中佛堂提供法師弘法與共修之用，不但家裡客廳就是佈教所，蔡淑貞也成了怡朗第一位信徒，並且帶領整個家庭參與弘法工作。

因緣成熟，在各方的努力之下，怡朗終於有了固定的道場。

二〇〇〇年，一棟占地二百坪、三層樓的「怡朗佛光緣」建設完成，成為怡朗市第一棟佛教建築，也是當地第一個佛教團體，和第一個比丘尼駐錫的弘法道場。在宿霧、馬尼拉和描戈律三處道場的熱情挹注，以及怡朗信眾用心護持下，「怡朗佛光緣」正以前瞻性的眼光，朝著心的彼岸，大步邁進！三十年了！這是永光法師和所有佛光人在菲律賓設立的第四個人間道場。

佛陀：

前進　永遠前進

向前　不曾疲憊

終止苦惱　放下欲望

直到最後　證悟成佛

成就正等正覺的釋迦牟尼佛，抬著父親的遺體向此生告別。陪著父親行走的這一段路，是別離，也是超越生死，通往解脫的路！

道別，為了趣往更好的方向；放手，才能飛躍廣大的天空。

Act 13

天空

「當愁苦的時候，向釋迦摩尼佛祈求，你的心將充滿喜悅。當孤獨無助時，稱念釋迦牟尼佛的名字，你會得到寂靜……」

對於王后的請求，佛陀始終沉默不語。阿難陀安慰王后摩訶波闍波提，上前請求佛陀准予王后出家。

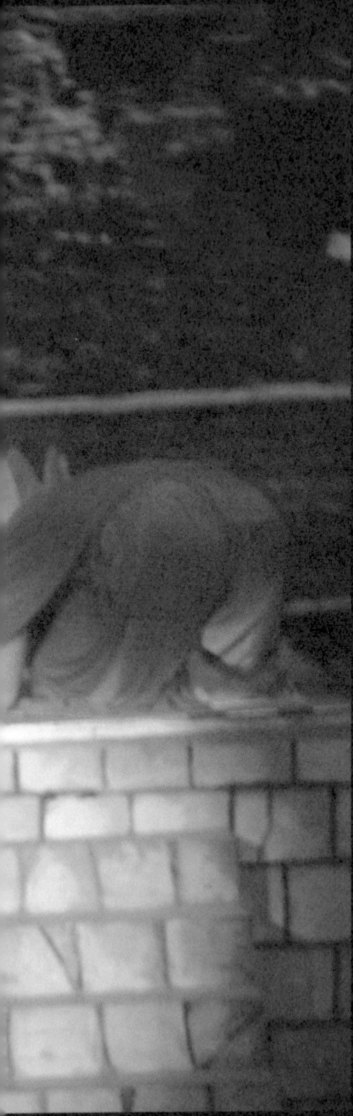

摩訶波闍波提夫人心中非常嚮往出家生活，她鼓起勇氣向佛陀請求，佛陀因種種顧忌而沒有回應。摩訶波闍波提失望哭泣。

摩訶波闍波提：

佛陀
我想走向覺悟之路
我請求您
讓我們進入僧團過修行人的生活

佛陀始終沉默不語。阿難陀安慰王后摩訶波闍波提，上前請求佛陀准予王后出家。

Act 13

Scene 1

佛教史上新頁

阿難陀的誠摯感動了佛陀，也改變了女性在佛教的地位。

佛終於應允了——

「這齣戲最感動我的，是悉達多姨母王后摩訶波闍波提夫人出家修行，她是佛教第一位比丘尼，在二千六百年以前這是一件很大的事，王后出家之後很多女性可以跟隨她的腳步前進，可見佛教在二千六百年以前就重視女性，並且持續進步。」導演莎拉（Sarah）說。

吉娜（Jeanette，飾王后摩訶波闍波提）：「我相信姨母是一位堅強並勇於表達自己內心的女性，這也是女性能出家的原因。」

阿難陀尊者一定知道，世間也將因此而改變。

舞台上的王后以出家相現身，莊嚴的儀表彷如脫胎換骨一般，她是佛教最初的比丘尼，是女性勇於揚棄既往追求自我的先驅。她將帶領著所有出家的比丘尼清淨修行，並獲得莫大的成就。這一刻，是她的新生，也是佛教史上新一章！

繼摩訶婆波闍波提夫人之後，更多的比丘尼創下了許多新的一頁。

一九九七年二月五日，菲律賓岷倫洛大教堂（Binondo Church）舉行菲律賓宗教聯合祈福法會，永光法師代表馬尼拉佛光山前往參加。當天有佛教、天主教、基督教等不同宗教前來參與，當時菲律賓總統也應邀參加，場面非常盛大。這是岷倫洛大教堂四百年來首次舉行佛教祈福儀式，不但實踐了大師的佛教本土化的理念，同時寫下菲華宗教史上曠世新頁：

永光法師到馬尼拉一年後，馬尼拉佛光山接下一個超級任務：一九九五年四月，馬尼拉佛光山接辦了佛光會理事會。由於當時還在草創之初並未成立協會，初生之犢的馬尼拉佛光山，創下沒有成立協會就接辦理事會的先例。那次活動也空前成功，被星雲大師稱讚為「零缺點的理事會」。

妙淨法師以英文講說佛法和偈語唱誦，讓更多菲律賓人親近佛法，以在地的語言度化更多在地子民，也幾次代表佛光山參加菲律賓包括天主教等在內的宗教聯誼，多次參加主題演講都頗獲好評。

首創於描戈律圓通寺的菲律賓「人間學院」——生活與藝術（簡稱哈拉學院 Humanistic Academy of Life and Art），是個頗具前瞻性的短期社會佛學院，招收成員為對生活與佛法有興趣的各國人士，來自西班牙、立陶宛、瑞典、巴基斯坦、匈牙利、巴西、德國、俄羅斯、土耳其、荷蘭等世界各階層的人士，在為期四個月，嚴格道場生活規範中，尋求生命的完整面貌，體會心靈的真正自由。

「人間學院」移地到萬年寺舉辦後依然獲得學員廣大回響，負責執行的覺林法師也和各國青年菁英建立了深厚法緣。

「慈恩寺是一片淨土，但太沉靜了！」二〇一二年到慈恩寺領職的有霖法師覺得應該讓慈恩寺動起來，想著宿霧市素有豐厚的藝術素養，且每年五月最後一個星期五是宿霧「文化遺產節」（Gabii sa kabilin），於是有霖法師帶領慈恩寺積極參與節日活動，在宿霧三十五家文化遺產當中，慈恩寺是惟一的佛教代表單位。二〇一五年文化遺產節終於爭取在慈恩寺開幕，參觀的人中百分之八十是菲律賓人。此外，有霖法師在宿霧聖卡羅大學（University of San Carlos）上佛學課程，並於每年聖誕節邀約附近五百戶人家參加三好課程並發放結緣品，他表示：「期望持續在地耕耘，讓慈恩寺鄰近都成為三好社區。」

「這片淨土」尚且孕育出一個國際性的音樂劇團，「沉靜」的慈恩寺在僧俗攜手努力下，自然具備了承先啟後的力量。

Act 13

Scene 2

始終不曾回頭

二千六百年了！阿難陀尊者一定知道，將有許多的比丘尼為了佛的教法，走在人間菩提道。

位於中國城的「王彬佛光緣」樓上，從宿霧慈恩寺帶來馬尼拉的最初三尊佛如常供奉；用青春換取清淨歲月的義工菩薩們，二十年來依然堅守崗位；中國城商店街，阿蘭計禪淨中心時初識永光法師的信徒夫妻還在開店做生意；三輪車伕同樣賣力的踩在曾經陌生的喧囂街巷。只是，時光如風、輕輕飄過——遠去的是往事，蹣跚的卻是腳步：出了阿蘭計市場舊公寓，走在王彬中國城人來人往的街道，永光法師感喟地說：「這一段路，走了二十五年……」

始終不曾回頭的大師的弟子們，還在締造更多的第一次……

第一次到菲律賓住持宿霧慈恩寺，人間佛教鐘聲遠揚菲律賓

第一次孤身前往馬尼拉創立阿蘭計的禪淨中心，建設了萬年寺

第一次還沒有成立協會而舉辦了零缺點的理事會

第一次舉辦學員遍布歐亞美的菲律賓「人間學院」

第一次由政府軍護送深入山區救災的出家人

第一次創辦《悉達多音樂劇》，十年演出百場

第一次帶佛陀傳登上「菲律賓文化中心」

第一次在紐西蘭奧特亞表演藝術中心不收門票演出嘉惠當地學子

第一次在宿霧聖嬰節（Sinulog）以佛教元素為主題參加花車遊行

設立第一個描戈律當地佛教寺院「圓通寺」

設立第一個怡朗當地佛教道場，也是第一個比丘尼道場「怡朗佛光緣」

設立菲律賓第一所佛教藝術大學，佛光山第五座大學「光明大學」

在信徒眼中永光法師一直是胸有成竹的，別人認為「不可能」、「做不到」的事情，他永遠很有把握；在平穩的敘述中，許多千辛萬苦的往事都盡付笑談中，對於這麼多的「締造」，他也是「只道當時是平常」。菲律賓三十年的弘法之路，縱然是萬重山，在永光法師心中也是「輕舟已過」。

一艘苦海中的繫人舟，聚集了更多人的努力，為了心中的理想與感動，他們歡喜、踴躍、充滿熱情、總是全力以赴、不具名沒有職稱。但他們是力量、也是希望，有一個共同的名號叫——「佛光人」。

Act 13

Scene 3

We Are One

二〇一七年一月七日，菲律賓佛光山光明大學在大雅台（Tagaytay）校地舉行奠基典禮。這一天，佛光山住持心保和尚、菲律賓佛光山總住持永光法師和光明大學校長海倫．卡蕾拉博士（Dr.Helen Correa）、佛光山五校聯盟代表、光明大學師生，以及菲政界、藝術界、教育界和企業界多位參與奠基的貴賓和佛光人約三百餘人共襄盛舉，一起祝福這別具意義的歷史一刻。

沿著秀麗的山城公路蜿蜒而上，一路逐漸遠離人車與塵埃，轉進一條安靜的路不久湛藍的天就會迎面而來，天空深處有一處幽靜寬闊的土地——眼前就是光明大學大雅台校地。彷彿清淨了許久只為了等待二十年前的夢。悠遠沒有界線的藍天，青綠色的草原，土地上生氣勃勃的綠樹和繁花，還有沉靜的竹林與熱情的風，都一起開心地等候著這一座大學——

奠基之前的籌備工作正逢中國年，覺林法師為了督促整地等繁多事項，事先就住進大雅台校地小屋以方便監工了。過年期間大家都很忙，但馬尼拉信徒還是發揮佛光人的積極精神，合力徒手開出一條灑淨路線，連周圍用來界定方位的旗子都是連夜用手工趕出來的。

大家心中只有歡喜，不計其他——因為我們在建一座大學，因為光明大學承載所有人的祝福。

一艘揚起風帆的船正待迎風，準備航向那美好的未來——

永光法師曾自問：「到一個天主教國家來可以做些什麼？」如今終於明白，是為了「We are one（同體共生）」的每一刻而努力。

同體共生法水永流長，是大雅台光明的未來和希望。

摩訶波闍波提：

哦　佛陀　偉大的佛陀

我以虔敬的心向你敬禮

耶輸陀羅也跟著摩訶波闍波提的腳步出家修行了。曾經掌握不住的星光，已成光輝朗照的滿月。

耶輸陀羅：

南無釋迦牟尼佛

讓我擁有純淨信念

讓我充滿智慧

讓您的慈悲傳遞給我

純淨的信念才能映現虛空的無邊，開朗的天空才能感受月亮的光華。總要時間的淬鍊和印證，才能明白：這樣的投入是否必要？曾經的付出值不值得？

一場表演有時高達幾千人前來欣賞，現場就有幾千人認識佛陀，一齣戲讓更多人和佛教結下法緣，有機會聆聽佛陀的教法——四聖締和八正道。如今百場圓滿了，也圓滿了悉達多家族的夢。大師期許：未來的悉達多家族希望從「一〇〇」開始飛躍：輔導演員開商店、設立廣播電台、咖啡廳、滴水坊，舉辦假日藝術學校，輔導優秀演員進修拿到教師證，具備教師資格到光明大學教書以將經驗傳承。帶領演員們朝向各種多元化發展，只為了給悉達多家族更多的願景。

三十年，像無所不在的溫煦日光，人間佛教在菲律賓播下一個又一個希望的種子，讓這個天主教國家在佛光普照下，擁有更多的溫暖與愛。

何況這世上總有下一個給孤獨長者出現——

萬年寺在舊有蘇聯大使館大樓原址重建，馬尼拉企業家陳永裁先生十分認同萬年寺的弘法大業，也對大師的教育理念非常支持，陳先生因而慨然捐地。將四百平方單位的土地捐贈馬尼拉佛光山，使重建後的土地利用面更完整、更開闊，而這棟十層樓，具有現代化功能的道場，也將負起傳承慈悲與智慧的重責大任。

Act 13

Scene 4

好苗子

除了弘揚佛法，萬年寺並一肩挑起一座「光明大學」——一座胸懷法界的學校，能不能撐起一個世界？

光明大學校長海倫．卡蕾拉博士（Dr.Helen Correa）和二十多位光明大學的招生委員，在菲律賓的大小島嶼中找回散落各處的珍珠，並因此有感而發：「如果年輕一點，我也來讀！」就是這樣的感動讓二十幾位招生委員自願和校長配合，努力為光明大學尋找優秀的孩子，告訴孩子：「有這麼一個地方正在等著你，等著為你翻轉生命、改變的你的人生——只要你能來！」

而所有人都會將關懷的目光投向每位學子，因為這裡不僅是學校，更是一個通往真善美的世界之窗。

成就一所學校幫助貧窮孩子在這裡成就；奉獻一份心力提供有心的人在人世間奉獻。

你還年輕，你去讀書；我有力量，我來護持——我們共同為這個世界努力並付出。

報佛恩德——還有什麼比這件事更有意義！

耶輸陀羅：

當愁苦的時候　向釋迦摩尼佛祈求
你的心將充滿喜悅
南無釋迦牟尼佛　無量光
當孤獨無助時

稱念釋迦牟尼佛的名字
你會得到寂靜……

一九八九年九月，心平和尚為慈恩寺主持寺院落成暨佛像開光典禮，宿霧慈恩寺迎來法師住持弘法，慈恩寺那一口鐘就在宿霧敲響了，鐘聲悠悠遠揚傳遍菲律賓的天空，隨著宿霧溫柔安靜的海水流向十方。二〇〇七年十一月時任佛光山宗長的心培和尚抵宿霧代表佛光山接受捐贈，慈恩寺正式隸屬佛光山管理。

呂林珠珠完成婆婆心願了，但她心中還有另一個夢——二〇〇九年星雲大師到宿霧慈恩寺時曾經表示，讓菲律賓宿霧有藝術天分的孩子都有展現才華的機會，指示在宿霧設立藝術學院作為光明大學分校。從此，高齡九十八歲的呂林珠珠就一心繫念著大師的心願：「只要宿霧藝術學院趕快蓋起來，我的心就 Don't worry 了。」寓所庭園的翠綠草坪在藍天閃著亮光，一朵白雲

靜靜斜掛在檐前聽得入神：「這樣我都不用再吃藥了……」老人說著，眼中散發動人的神采！（註）

註：二〇一七年，七月二十四日宿霧藝術學院舉行動土典禮，佛光山心培和尚抵宿霧主持奠基動土儀式。十年前，星雲大師指示開辦的宿霧藝術學院終將實現，呂林珠珠終於完成大師辦學的心願了，她做到了對大師的承諾：「宿霧一定不讓大師失望！」

擦身而過，也許是宿世的等候；一面之緣，莫非前生訂下的約期。要有多大的願力和緣分才能在一塊土地上結下深厚法緣？

星雲大師相信因緣能成就一切，因緣就能成就一切：二十幾年後的描戈律圓通寺、馬尼拉萬年寺還有怡朗佛光緣，都有佛陀慈悲的眼神日夜溫暖注視，佛前的那朵青蓮，也開放在南方島國有緣人心中。

總有一天，菲律賓會將佛陀的教法傳揚到更高、更遠的地方。一路辛苦走來，人間佛教在菲律賓落地生耕，如今已開花散葉果實豐碩。為使飽受天災人禍的菲律賓人心靈有所寄託，佛光山的〈弘法者之歌〉傳唱在菲律賓的天空——

同體共生
人我一如彼此相連
不管我們來自哪裡

Act 14

止息

「活在每個當下，為現在而活。」

風息林靜，鳥獸無聲，百花萎謝凋零了，
世間一片寂寞蕭條。

梭羅雙樹下，佛陀不捨娑婆，慈眼迴顧，
對弟子們說著最後的囑咐。

佛陀一生都在宣說覺悟的真義，教誨諄諄、婆心苦口，只願眾生解脫生死究竟安樂！那一天，自菩提樹金剛座走下來的佛陀，從此沒有停歇過祂仁慈的腳步。踩著炙熱的大地，踐地惟恐地痛；頂著夜空的星月，暗黑中不忍星月無光。四十九年的悠悠歲月，隨著尼連禪河的水緩緩流過！迦毗羅衛國來的老比丘啊！年事已高而漸趨老邁了——

阿難陀靜靜陪伴在佛陀的身旁，他永遠都明白佛陀的心意。他永遠的朋友悉達多——永遠如此仁慈多情。

小悉達多：
阿難陀　阿難陀
看一隻蝴蝶

小阿難陀：

讚　我們米抓牠

來啊　值得試試

小悉達多：

阿難陀　阿難陀

我們必須讓牠去

牠如此美麗

自由地飛翔

Act 14

Scene 1

面臨最大的挑戰

但是啊！阿難陀知道他的朋友悉達多又將離開他了——

距離一百場的時間愈靠近，劇團也進入更緊張忙碌的階段，「孩子們」面臨最大的挑戰。

二〇一六年十二月八日開始，《悉達多音樂劇》在宿霧 SM-citycebu 表演廳一連表演五天，每天日夜表演兩場。尤其是十二月十一日這一天，上午、下午、晚上各演一場，一天連演三場，排練時間之外，要有九個小時在台上演出。

我們無暇顧及演員們要如何通過這嚴苛的考驗，因為採訪團隊也必須在演出和排練的空檔衝鋒陷陣，要把握擠壓出來的空檔採訪導演、演員、編劇、舞蹈總監以及相關工作人員，當然，還要一心多用在僅存的時間隙縫，觀察後台情況與前台演員排練、音響、道具和燈光還有觀眾席、戲院外面的花絮……那幾天我們就全天候待在戲院裡，有時要到夜晚十二點才回到住處，有時來不及用早餐就得趕到戲院進行採訪。雖然疲憊但卻是感恩歡喜著，因為可以體會演員們所面臨的是更大的壓力。

然而後台和化妝間永遠充滿了笑聲和歌聲，演員接受採訪時永遠笑臉迎人，工作人員迎面走來也會送來一朵誠摯的笑顏，縱然萬分疲累他們的態度依然謙恭有禮，這群令人喜愛的孩子不管在任何時候，都和燈光之下的角色一樣感動我們。

阿難陀坐在布幕前輕聲歌唱——和他談到將來想要設立育幼院時的表情一樣溫柔。

國王正在為迎接小太子而歡喜——幾分鐘前他還在後台談到人間的別離而

感觸落淚。

阿斯陀仙人為了來不及見到太子成道而悲泣——我想到他坐在上演前的舞台階梯受訪時感恩的眼淚。

悉達多太子在菩提樹下遭受魔難——佛陀正在舞台邊望著他……

我問飾演佛陀的本傑銘（Benjie）：「每當劇中悉達多太子遭受魔難時，佛陀總是在舞台側邊看『他』，請問你當時是什麼心情？」

本傑銘（Benjie）回答：「看的不只是悉達多太子一人，而是看著是所有受苦的眾生：『如果，可以遵循佛陀的教誨，所有的魔難都可以化解！』」

沒料到他會這麼回答，彷彿聽到佛慈悲的囑咐，我流淚了！

佛感到疲倦，祂必須休息了。阿難陀靜靜陪伴在佛的身旁，他永遠都明白佛陀的心意——

阿難陀：（對在場的人們）
去吧去吧每個人
佛陀需要休息　去吧

佛陀：

阿難陀

佛陀深情的呼喚阿難。

阿難陀：

佛陀

佛陀啊！我願意追隨您到最後。

佛陀：

謝謝

阿難陀！我永遠的朋友。

阿難陀：

今晚當你睡著了

放下所有的掛念

當你作夢之際

知道我依然站著

就在這裡

不曾拋棄你

常在你身邊

永遠在你身邊

不曾遠離你的視線

阿難陀是悉達多永遠的朋友，為了今生的往事啊！他會永遠追隨祂——

小時候他們就是形影不離了，

十七歲的悉達多太子娶了美麗的耶輸陀羅王妃，

太子遊出了四城門深深感觸到：花會謝、人會死。他急於知道煩惱痛苦的解答。

悉達多離開了皇宮，也離開了阿難陀，祂答應找到答案一定會回來……

阿難陀沒有忘記在心裡留下悉達多的位置——啊！悉達多終於回來了，祂找到了生死煩惱的真相。

阿難陀也不會忘記重逢的那一天，佛親切如往日：阿難陀！你都沒變……

不變的還有阿難對佛陀真誠的心意。

追隨佛陀二十多年，阿難陀從來沒有一刻像現在一樣，那麼的需要佛陀——

小悉達多：

阿難陀　阿難陀

去吧　去玩吧

我想留在這裡

獨自散步片刻

這人間因為有您而光明吉祥，追隨您的日子像夢一般的美好，我多麼不願意從夢中醒來。佛陀！為什麼您又要離開我？

Act 14

Scene 2

蝴蝶飛走了

今晚就是一〇〇場的圓滿了，永光法師目不轉睛地看著台上，雙眼已蓄滿了淚水，今晚就是一〇〇場的圓滿了，一旁的我揣摩著永光法師的心情，不知此刻他是否百感交集：「十年了！這些孩子太了不起了！」

在兩棵梭羅樹的中間，佛陀慢慢躺下來。

小阿難陀：

哦　悉達多　你為何總是喜歡一個人獨處

阿難陀很傷心很傷心……

但他必須記住佛陀的遺教，他有責任將佛的教法傳說下去，他必須讓人們能夠依教奉行，阿難陀跪在佛的跟前，淚流不止——

阿難陀：

今晚當你睡著了
就把世間留給我
你把我教得很好
我會讓你以我為榮
你只要等著看
我將永遠忠實
永遠堅強和真誠
我會是你最好的模範

所有我說的　做的

即使你睡著……

風息林靜，鳥獸無聲，百花萎謝凋零了，世間一片寂寞蕭條。

梭羅雙樹下，佛陀不捨娑婆，慈眼迴顧，對弟子們說著最後的囑咐。

佛陀：

勿煩憂　孩子

希望仍在

在此生尋找

去皈依

法的教誨

將眼淚擦乾
抬起頭
看著天空
超越生命侷限　尋找自己的路

「十年了！每一場都有如第一次的演出那樣，給我新的啟發、讓我哭也讓我笑！」本傑銘（Benjie）回憶著敘說。

十二月十一日，一天三場，演員們仍然努力保持笑容和動力。但是在每一幕的換場片刻，只要一到後台，孩子們就會以最快的速度就地臥倒、閉上雙眼身體動也不動——明明只要再跨一步就可以躺在前方的椅子上，但他們似乎再也無法負荷了，一步之前，體力耗盡。

「那個情形讓我非常震撼！」負責採訪後台的美術設計林紫婕很難忘記那些景象：「從神情可以看得出他們非常疲憊，但是時間一到他們就會迅速起來，精神奕奕地上台……」

「如果不是對藝術、對表演的熱情，是無法做到的！」永光法師說到「孩子們」的努力總是疼惜又讚歎。

Act 14

Scene 3

百場演出前後

後台所有人正進行演出前第一百次的誦經祈福，祈求佛陀加被演出圓滿，並以百場圓滿功德回向星雲大師身體健康，也祝福所有演員及家人自在健康。希望藉著演出將世間真善美傳遞給前來觀賞的每一個人。

星雲大師翻轉了孩子們生命，希望他們翻轉更多人的生命——

永光法師最後帶領大家三稱「南無本師釋迦牟尼佛」。

聲聲字正腔圓的佛號，成了演員們最真心的感恩和祈願！導演莎拉（Sarah）隨後和演員們進行演出前的談話，所有人都互相擁抱鼓舞彼此，他們激動又興奮。永光法師在後台給孩子們一個個精神鼓勵，最後他走到導演莎拉（Sarah）面前對她道謝：「You always support me.（你永遠是支持我的）」莎拉（Sarah）低頭合掌、瞬間紅了眼眶，眼淚終於落下。

今晚幕後的氣氛不同以往，但是大家仍舊力持鎮定，藉由靜坐、散步、柔軟操穩定情緒，佛陀來到後台了，祂一一擁抱演員們給予支持，他的動作那麼溫柔，臂膀那麼有力，每個人都感受到溫暖的氛圍，這是台前觀眾看不到的動人情節。

為了佛陀即將遠去，所有人都人悲傷哭泣。二月十五日，天上一輪滿月，銀光灑遍樹林。月光下的阿難陀，內心從未有的孤單。

小悉達多：

太陽在天空發光

花兒在地面
你看我不曾獨處
阿難陀　阿難陀
不要擔心

阿難陀：
再見　我的太子

阿難陀想起曾經的別離

悉達多：
再見　我的朋友

如今他的朋友悉達多啊！此生已圓滿。

午夜時分，月華光耀，梭羅花如雨般從天上降下。忽然，大地震動，狂風四起，一片烏雲飛來，遮住了月光。

釋迦牟尼佛即將進入涅槃——

二〇一六年十二月十二日宿霧 SM-citycebu 表演廳，這是佛陀傳《悉達多音樂劇》第一〇〇場，在劇團發源地、演員的故鄉宿霧的正式演出。

表演廳裡坐滿了觀眾，所有人都聚精會神望著舞台上——佛陀在梭羅雙樹間躺下，對著人間做最後的說法。

在場每一個人都凝神靜聽。

觀眾席上不少人在擦拭眼淚——「別離」的痛畢竟是人世間最深的共鳴。

小悉達多：

有件事我需明白

在生與死的輪迴　我該站在哪裡？

八十年過去！悉達多終於明白了。

佛陀輕輕閉上雙眼，台上台下靜默無聲。

許多故事和畫面卻穿越了時間和空間，不停在表演廳旋繞——

- 永光法師孤身抵達宿霧慈恩寺，敲響慈恩寺人間佛教的鐘聲
- 阿蘭計市場簡陋的公寓道場，佛前香氳繚繞中一襲僧衣度眾的勇敢比丘尼
- 蘇聯大使館夜半敲磁磚聲、勇敢撐起大廈的少林功夫 Super Master（超人法師）
- 「從來都是我們跳舞給人看，佛教師父卻帶人來為我們跳舞」，監獄弘法，受刑人感恩的淚
- 往返外島無視疲憊暈船仍然堅持開示的辛苦法師

- 「一步一蓮花」僧信攜手漫長十年重建之路的馬尼拉萬年寺
- 貧民區兒童們聲聲「阿彌陀佛！」中天真開朗的笑容和熱情的擁抱
- 米骨島和棉蘭佬島由政府軍隊護送的慈善賑災，以及車後急馳直追的回教反叛軍
- 計順省羅辛颱風賑災，兩千里，兩百萬賑濟品，一百三十二個偏遠地區，五萬災民的笑顏
- 描戈律圓通寺中國年的絢麗花燈，「菲律賓佛學院」學生的質樸面容
- 怡朗佛光緣的溫馨氛圍和盡心護持「帶員工來寺院工作修福」的可愛信徒
- 老華僑在菲律賓的辛酸感人移民事蹟和說不完的護持情誼與建寺因緣
- 設立光明大學的重責大任，光明大學學生們的轉變和感恩，和學生「十年後當弘揚人間佛教，致力世界和平」的莊重誓言。

還有，陽光下一襲黃袈裟，被孩童們當作教宗歡呼「PaPa」奔相擁簇的星雲大師。

還有啊——

- 為了推廣《人間音緣》而成立的佛陀的故事《悉達多音樂劇》

- 從無到有，成為一個高水準國際性的表演團體
- 從三百多人應徵到甄選出七十幾位默契良好專業而優秀的人選
- 從陌生到專業、從宿霧起步到登上 CCP 及各國的表演大舞台
- 從天主教到佛教，從上帝到佛陀；從不安到感動，從懷疑到認同；從個人到 We are one ——法界一家
- 從第一年到第十年
- 從第一場到第一百場

從生與死的輪迴痛苦中啊！到大澈大悟證得宇宙真理的清淨解脫，從悉達多在人間慈悲示現，到釋迦牟尼佛僕僕風塵，終生遊化。

佛陀已經告訴我們祂所找到的答案。

佛陀：

時日不多

那一刻終於到來

我們即將分別

總有辦法遠離煩惱

切記

四聖諦

八正道

以四聖諦「苦、集、滅、道」知道苦的積聚和離苦的方法，並如實精進修行。

以八正道「正見、正思維、正語、正業、正命、正精進、正念、正定」作為生活準則，創造美好安樂的生命。

阿難陀：

佛法永遠閃耀
像太陽
從日出到日落
在黎明的一刻
照耀到世間的每一個角落
法輪永常轉

星雲大師說：「信仰人間佛教，身心淨化，思想昇華，超越人我對待，跟人和合無諍，不對立、不執著、不幻想、不煩惱，心無罣礙，享受著禪悅、法喜，那不是在現實上就可以得到人間佛教的利益嗎？」（《人間佛教．佛陀本懷》）

佛陀：
我想我已將法傳授給你
現在是時候
我要走了
……
活在每個當下
為現在而活

當下，每一個人都在內心回應著自己的感動——

本傑銘（Benjie，飾佛陀）：「啊！我竟然有榮幸說出佛陀對世人的教法。」

駿睿（Junrey，飾悉達多）：「完成了我們的夢想及實踐了星雲大師的理想。這些不屬於我們，因為一切歸於佛陀！」

Joer 等五比丘：「一百場演完了，感到不可思議，覺得感恩也覺得非常幸運。」

艾薇（Ivy，分飾耶輸陀羅、舞者）：「心情太激動了！沒想到可以完成一百場！」

「因為對佛陀的感懷與藝術的堅持，大家終於完成了使命！」永光法師內心充滿了感恩。

菲律賓千島國家弘法三十年！過程中有太多的故事，故事裡有太多說不完的辛酸與快樂，也有太多需要感恩的人：幕前幕後的、健在或往生的，正在努力的或曾經付出的，承擔發起的、發心捐獻的，或默默付出不計名分的，無一不是人間佛教菲律賓佛光山的成就因緣。沒有每一位「無怨無悔、奉獻犧牲」的發心菩薩們，就沒有如今的成就與感動。

掌聲如潮水般，從四面八方漫起，共同為這一刻見證。

佛陀：

活在每個當下

為現在而活

釋迦牟尼佛右脅而臥，闔上雙眼。

——諸行如化　大千如影——

——喧囂漸去　世界止息——

（全書完）

遠方，再度響起悠揚的鐘聲，似遠又近……鐘聲盡頭有人輕輕在唱
佛陀佛陀　您在哪裡
不在這裡
不在那裡
佛陀佛陀　您在哪裡
不在這裡
在我　心　裡

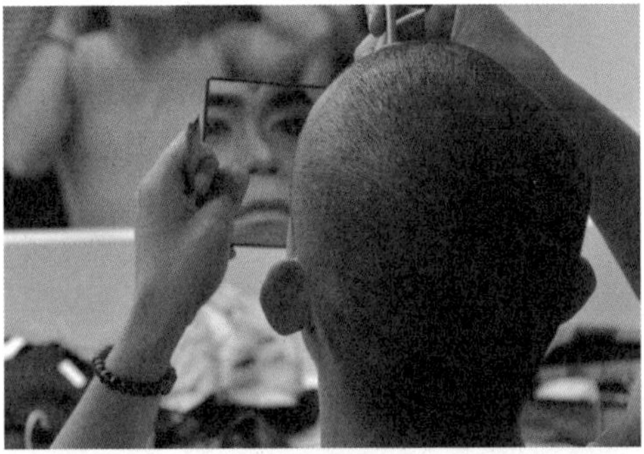

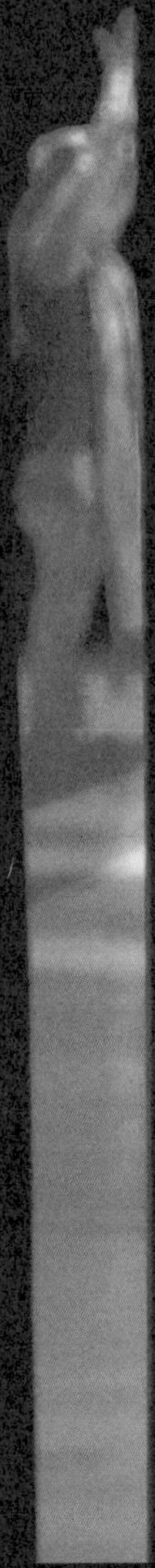

歌未央

今晚，讓我們共赴一場溫馨的會期——

SM- citycebu 表演廳沉浸在一片光明朗照中。香海執行長妙蘊法師坐在第一排永光法師身邊近身觀察；觀眾席由一道隔牆劃開前後段，主編瀅如站在隔牆前專注凝望觀眾和台上；同時間，美編紫婕的鏡頭已在後台等候拍下演員下台的瞬間。我們協力分工只希望完整記錄今晚的百場演出。

過了今晚，採訪佛陀傳《悉達多音樂劇》將暫告一段落。

此刻，我們心中已有了別離的心情——雖然戲正高潮。

幕開啟

蓮花台上金光晃耀，佛陀站立其中熙怡微笑。舞台上是阿難陀優美的歌聲——

阿難陀：

於是，我們在此時、此地，在這吉日、吉時。世世代代交替，然而，佛陀的精神依然永存。有生之年，釋迦牟尼佛弘揚佛法四十九年，留下上千卷經典於世。請與我們一起緬懷祂的教誨，法輪將在世間每個角落常轉，每一個人都可以離苦得樂，生在無量光、無量壽的世界中。

幕落下

這是結束，也是開始——

二〇一六年十二月十三日晚間在宿霧南洋大飯店（Water Front Hotel）。今晚的「百場圓滿慶功宴」是屬於悉達多家族的。演員都盛裝出席，孩子們卸下臉上濃妝，露出本來面目：飾演國王的舍奇（Cerj）是晚會主持人，一頭帥氣的長髮把他襯托得輕快活潑，詼諧機智的主持風格一掃舞台上的沉鬱。那位「哭泣的車匿」喬凡尼（Giovanni）私底下是個含蓄真誠的大男孩！在台灣基隆場後台哭泣那晚是他第一次演出音樂劇，他說當時心情非常激動，心中充滿的各種情緒：感恩、榮幸與不敢置信，「直到現在我還不敢相信」，現在的喬凡尼看起來含蓄而真誠，如同那善良又忠心耿耿的車匿：「很難用言語表達那種複雜的情緒！」

為什麼哭了？「我哭泣，是因為太高興了！」

最高興的應該是演員們的家人了！這一天，演員們的家人受邀前來，所有人都刻意打扮一番。永光法師說，一定要好好感謝孩子們的父母和家人：「我現在非常快樂、非常興奮，今天是疲倦但也是流淚的時刻！」「佛陀」本傑銘（Benjie）又哭了，但神色一樣沉穩，慈悲親和的笑依然。

「我現在知道為什麼我的孩子回家那麼愛睡覺了！」飾演悉達多的駿睿（Junrey）的母親這樣說。

「我深感正向樂觀。」駿睿（Junrey）說。

「參與悉達多劇認識佛教是我『生命的改變』。」莎拉（Sarah）導演說。

「佛教就像是我們生活的老師。」Joer（五比丘）和 Ivy（分飾耶輸陀羅、舞者）是兄妹，父母都表示喜愛佛法：「兩個孩子參加佛陀傳的演出，讓我們得到祝福，與孩子的相處也更和諧。」

Dave nienson（飾五比丘之一）來自民答那峨島（Ming la nilla）的父母說慈恩寺雖然沿街道而建卻很寧靜，法師很親切，他們過年也會來慈恩寺：「永光法師就像演員們的第二個媽媽！」

這是一個歡樂的、無比溫馨的時刻——

這一場宴會，彼此已等待了多久？十年！無常世間如夢幻流雲，走過一百場的佛陀傳《悉達多音樂劇》有了演變，演員有了成長，視野更加開闊，足跡踏得越遠。面對向前伸展的遙遠未來，但願孩子們再度跨越、奮力飛揚！

身處在歡樂中，但我們沒有忘了此行的使命。環顧飯店內外，那熟悉的不真實感又浮上心頭：「笙歌高唱時，無常已掩至」是的！在前塵落謝、夢幻泡影之中，誰都不能留下什麼，我們，只能忠實地記錄此時此刻。

永光法師請每一位演員和他們的家人上台領獎，希望父母也一起接受大家的肯定。第一任導演黛西（Daisy Baad）的妹妹代表接受永光法師頒獎，因為這位草創時一起努力過的導演已離開人世。此時此刻，兩人都流淚了……

漂洋過海興佛教
弘法度眾六十載
初演妙法於宜蘭
為興佛教建叢林
……
分秒必爭　弘法利生
無怨無悔　犧牲奉獻

三十位從馬尼拉萬年寺來的光明大學學生上台演唱〈師父頌〉，孩子們在淚眼中大聲唱著歌，青春的臉龐與誠摯的眼神，讓人看見光明大學未來的希望。這一刻，我們才明白大師「分秒必爭、弘法利生」的老婆心腸；總算真正體會大師「無怨無悔、奉獻犧牲」的慈悲願力。
我忽然感到慚愧——在這群善美樸質的生命面前。
孩子們在台上唱著，個個泣不成聲……

您是人間佛教的行者
您是娑婆世界的導師
您是佛光教團的光明

台下每一個人，都在孩子們的真誠歌聲中神情肅然、眼眶泛淚。
如果，眼淚可以表達最深的感謝——那就一起流淚吧！
這樣的夜晚，有優美的歌聲，也有感恩的淚水。雖然終將別離，但心中的歌未央，只要記住今晚的相聚，記住在菲律賓天空傳唱的歌——歌中有我們的約定：

今生重逢，只為人間淨土而來！

雖然，在這樣的夜晚，看不到許許多多曾經付出的身影，但是我們都明白，彼此是為了共同的心願和使命：

從第一年到第十年，從第一場到第一百場，有多少人看過佛陀傳《悉達多音樂劇》！

菲律賓人間佛教三十年，有多少人在這裡無私奉獻、默默付出！

從佛成道到佛涅槃，有多少人，在佛法裡找到生命中的淨土！

大師說：「我們大家一起愛他們吧！」

因為 We Are One

—— maraming maraming salamanpo ——

菲語：非常、非常感謝

MABUHAY
菲躍100

監　製　永光
採訪・撰文　陳菽蓁

主　編　賴瀅如
編　輯　田美玲
美術編輯　林紫婕
封面設計　林紫婕

攝　影　何曰昌

出版・發行　香海文化事業有限公司
發行人　慈容法師
執行長　妙蘊法師

地　址　241 新北市三重區三和路三段 117 號 6 樓
110 臺北市信義區松隆路 327 號 9 樓
電　話　（02）2971-6868
傳　真　（02）2971-6577
香海悅讀網　www.gandha.com.tw
電子信箱　gandha@gandha.com.tw
劃撥帳號　19110467
戶　名　香海文化事業有限公司

總經銷　時報文化出版企業股份有限公司
地　址　333 桃園縣龜山鄉萬壽路二段 351 號
電　話　（02）2306-6842
法律顧問　舒建中、毛英富
登記證　局版北市業字第 1107 號

定　價　新臺幣 320 元
出　版　2017 年 10 月初版一刷
ISBN　978-986-95215-1-2

建議分類　勵志｜翻轉生命｜文集

國家圖書館出版品預行編目（CIP）資料

菲躍 100 ／陳菽蓁採訪・撰文．
-- 初版 .-- 新北市：香海文化 ,2017.10
ISBN 978-986-95215-1-2（平裝）
520.7　　106015375